El Libro de La magia con velas

El libro de la magia con velas

Madame Pamita

Transforma tu vida con los secretos de la magia con velas

EDICIONES OBELISCO

Si este libro le ha interesado y desea que le mantengamos informado de nuestras publicaciones, escríbanos indicándonos qué temas son de su interés (Astrología, Autoayuda, Ciencias Ocultas, Artes Marciales, Naturismo, Espiritualidad, Tradición…) y gustosamente le complaceremos.
Puede consultar nuestro catálogo en www.edicionesobelisco.com

Colección Magia y ocultismo
El libro de la magia con velas
Madame Pamita

1.ª edición: mayo de 2025
Título original: *The Book of Candle Magic: Candle Spells Secrets to Change Your Life*

Traducción: *Daniel Aldea*
Maquetación: *Isabel Also*
Corrección: *M.ª Jesús Rodríguez*
Diseño de cubierta: *Enrique Iborra*

Edita: Ediciones Obelisco, S. L.
Collita, 23-25. Pol. Ind. Molí de la Bastida
08191 Rubí - Barcelona - España
Tel. 93 309 85 25
E-mail: info@edicionesobelisco.com

ISBN: 978-84-1172-289-6
Depósito Legal: B-5535-2025

Impreso en SAGRAFIC

Printed in Spain

Para Manfred,
eres la luz de mi vida.

Índice

Agradecimientos

Crear un libro es como reunir un aquelarre y lanzar un hechizo. Para hacer magia es necesaria la energía de todos los presentes. La magia de este libro no habría sido posible sin *todas* las personas que han ayudado a hacerlo realidad.

En primer lugar, me gustaría dar las gracias a mi familia de Llewellyn, especialmente a Elysia Gallo, por aportar al proyecto toda su positividad y su carácter alegre y relajado. Gracias a tu sabia orientación y elogios he podido llegar a la meta, algo que nunca habría podido conseguir sin ti (y sin una fecha límite). Que tú me dijeras «¡Esto es bueno!» es como ganar el premio Pulitzer.

A continuación, me gustaría darle las gracias a mi increíble equipo de *Parlour of Wonders*: a sus pilares, Marléne (y Cliché), Bridget e Iris, por encargarse de que todo siguiera funcionando mientras yo estaba encerrada como una ermitaña en mi habitación con el portátil, y al resto del equipo, Judy, Chelsea y Romie, quienes mantuvieron la energía con su amor y apoyo.

También quiero darles las gracias a las integrantes de mi grupo de expertas en magia: Jim, Melinda, Ruth, Lacreya y Janine. Tuvisteis que soportar mis quejas dos veces al mes: «¡No puedo hacer nada más! ¡Estoy escribiendo un libro!». Os reísteis conmigo, me escuchasteis y me disteis vuestro apoyo, como si fuerais mis hermanas mágicas, en este emocionante viaje. ¡Estoy deseando ver vuestros libros!

Gracias a mi mentora e inspiración, Judika Illes. Hace ya algún tiempo me preguntaste a bote pronto: «¿Estás escribiendo un libro?», y eso hizo que todo se desencadenara. Tanto tú como el increíble legado de tus libros sobre magia han sido y siempre serán una gran inspiración para mí. ¡Cuando sea mayor quiero ser como tú! (¡Será mejor que me ponga manos a la obra y escriba el siguiente!)

También quiero dar las gracias al increíble grupo de profesionales y aficionados de la magia que tengo la suerte de llamar mi escuadrón de hechizos. Vosotros, y vuestra sed por descubrir cada vez más cosas acerca de la magia, sois la *auténtica* razón de que exista este libro. Gracias a vuestras preguntas durante las sesiones en línea del club me di cuenta de que hacía falta un libro que no se limitara a dar recetas para hacer hechizos, sino que también explicara por qué elegimos una vela roja y la encendemos durante la luna creciente para atraer el amor a nuestras vidas. ¡Os quiero muchísimo a todos! No puedo expresar lo mucho que aprecio tanto vuestra curiosidad como las excelentes preguntas que me hacéis cada vez que nos reunimos. (Si estás leyendo esto y aún no formas parte del escuadrón de hechizos, ¿a qué estás esperando? Puedes participar en el club visitando spellsquad.com).

Por último, quiero enviar todo mi amor extramágico y chispeante a mi pareja, Manfred, y a mis hijos, Morgan y Miles. Gracias por dejarme salir de rositas, darme el espacio necesario para poder escribir en todos los trenes y aeropuertos mientras viajábamos, ayudarme con las tareas domésticas, dejarme poner a todo volumen música hortera de los años sesenta mientras escribía, localizar todas las comas en serie que faltaban y, simplemente, por ser unos seres humanos increíbles con los que tengo la suerte de compartir la vida.

Y el último agradecimiento es para Glinda, la gatita y bruja buena, la cual llegó a mi vida en su burbuja rosa mientras escribía este libro. Soy muy afortunada de tener a un bebé peludo tan adorable y mágico.

Prólogo

Seguir el camino de la magia puede resultar una tarea ardua, especialmente para aquellas personas que acaban de empezar. La enorme cantidad de información, conocimiento y sabiduría puede resultar abrumadora. ¡Toda la astrología y numerología que uno debe estudiar y comprender! ¡Todos esos cristales y hierbas que dominar! Por no hablar de los colores; ¿qué significado tiene cada uno de los distintos tonos? ¿De qué color tiene que ser la vela que voy a encender? Sólo pensar en todo esto puede echarnos para atrás.

Creo que es hoy en día es incluso peor que cuando Madame Pamita y yo éramos jóvenes aprendizas de bruja. Internet y las redes sociales han traído consigo muchas ventajas, pero también muchos desafíos. Por un lado, el mundo virtual es el medio ideal para que las almas con sensibilidad mágica de todo el mundo puedan encontrar espíritus afines y aprender unas de otras. Por otro lado, la gran cantidad de información, opciones y «expertos» que pululan por Internet puede provocar que uno sienta la presión de convertirse también en un «experto» lo antes posible. Es fácil pasar por alto uno de los componentes más importantes que hizo que muchos de nosotros nos sintiéramos atraídos por primera vez por el ocultismo: la diversión.

De hecho, la diversión es una parte fundamental de la práctica mágica, un elemento que no debería vincularse exclusivamente con los niños o cuando queremos pasar el rato. ¿De qué solía acusarse a las supuestas brujas en las antiguas transcripciones de los juicios por brujería de la Edad Media? De pasárselo bien. En una época en que la Iglesia y la sociedad tradicional predicaban el ascetismo y la abnegación como forma de alcanzar el Cielo, las brujas eran acusadas de bailar a la luz de la luna, festejar en lugar de ayunar y disfrutar del sexo. Entre los signos más reveladores que servían para identificar a las brujas figuraba la risa escandalosa, la infame risotada de bruja. Incluso hoy en día, a muchas niñas se les advierte de que no deben reír a carcajadas.

Uno de los secretos del ocultismo es el significado de la diversión. No es un mero placer pasajero, sino que colabora al aumento de la energía mágica y estimula el crecimiento del poder personal. En efecto, los hechizos tienen la capacidad potencial de salvarte de todo tipo de terribles situaciones. Pueden ayudarte a hacer realidad tus sueños, alejar amenazas y cambiar tu destino. Sí, la brujería es algo muy serio y hay muchísimas cosas que aprender. Sin embargo, la diversión es una parte intrínseca de dicho proceso de aprendizaje. Es mucho mejor aprender a distinguir un cristal de otro jugando con ellos que tratando de memorizarlos.

Lo que me lleva a Madame Pamita.

A veces conoces a alguien y te cae bien al instante, pero a veces conoces a alguien y es como si también lo *reconocieras*, como si os conocierais de antes, aunque no puedas recordar el momento exacto. Es lo que sentí cuando Madame Pamita se cruzó por primera vez en mi camino.

Por suerte dispongo de una memoria muy buena. Tras haber vivido de cerca la demencia de mi padre, y el lento proceso de deterioro asociado, ahora soy mucho más consciente de mis propios procesos mentales. Recuerdo perfectamente conversaciones que mantuve con Madame Pamita al principio de nuestra amistad (ella estaba a punto de viajar a Findhorn y a mí me hubiera encantado acompañarla); sin embargo, por mucho que lo intente, no recuerdo nuestro primer encuentro, sólo que fue en las redes sociales. Frustrada por eso, cuando empecé a escribir el prólogo de este maravilloso libro, llamé a Madame Pamita para ver si podía refrescarme la memoria, pero sus recuerdos eran tan borrosos como los míos. Sin embargo, ambas coincidimos en que, cuando nos «conocimos», ya éramos amigas.

Madame Pamita y yo somos dos almas gemelas nacidas en ambos extremos del 4 de julio y unidas por el amor a la música y la magia, así como por la pasión por los viajes. La amistad terminó convirtiéndose en relación profesional: tuve la suerte de editar su maravilloso libro *Madame Pamita's Magical Tarot: Using the Cards to Make Your Dreams Come True*, y me siento muy agradecida, bendecida y honrada de participar también en el este libro.

Si has leído alguno de sus otros libros, asistido a sus clases o disfrutado de su música, entonces tú también has experimentado la profunda magia de Madame Pamita. Si ésta es tu primera vez, prepárate para disfrutar. Permíteme que te presente a mi querida amiga Madame Pamita, una auténtica maestra de la magia. No sólo por los conocimientos y la teoría (aunque no cabe duda de que en eso también es una maestra), sino también por la alegría y la diversión inherentes a la magia. Si nunca te ha sobrado ninguna de estas dos cosas, deja que Madame Pamita recargue tu energía.

Madame Pamita no destaca en una sola área, sino que es una hábil y versada experta en numerosos aspectos de las ciencias ocultas, desde la adivinación a la hechicería, pero especialmente en la magia con velas. Si nunca has visto las velas que diseña y confecciona, deberías echarles un vistazo ahora mismo. (Si nunca la has oído cantar, también deberías corregir ese error, pero ésa es una historia para otro día). Madame Pamita es una enciclopedia humana de los secretos de la magia con velas, secretos que tan generosamente comparte en este libro. Si ésta es tu primera experiencia con la magia con velas, este libro es un buen punto de partida: claro, lúcido y directo; sí, divertido. Incluso si eres ya un maestro en el arte de las velas, en este libro excepcionalmente completo descubrirás nuevos hechizos y perspectivas.

Judika Illes, autora de *Encyclopedia of 5000 Spells*
y otros libros dedicados a las artes ocultas

Introducción

Me hace muy feliz que tú y yo estemos a punto de embarcarnos juntos en una aventura auténticamente mágica. Aunque llevo muchos años haciendo hechizos con velas y enseñando magia con velas a otras personas, todavía me parece una de las formas de magia más fascinantes, satisfactorias y eficaces que existen. Con sólo una mecha, cera y una llama, puedes llegar a conectar con otras dimensiones espirituales y llevar a cabo ilimitados cambios positivos en tu vida de modos que ni siquiera imaginas.

Siempre les digo a mis alumnos que un mago experimentado es capaz de manipular el tejido del Universo sólo con el pensamiento y la voluntad. El origen de la magia y la manifestación es la intención enfocada. Por sí sola, la intención puede producir resultados milagrosos. No obstante, al trabajar con la magia, la mayoría de la gente necesita un apoyo que les ayude a contrarrestar las fuerzas que operan en su contra, básicamente, las dudas y los miedos que todos llevamos dentro. Ahí es donde más útiles resultan los hechizos con velas. Aunque no tengas plena confianza en tus intenciones, la pequeña llama mantendrá la energía positiva fija en tu objetivo.

Este libro es una guía completa de la magia con velas que no sólo te ayudará a entender los principios básicos para poder empezar a hacer un hechizo hoy mismo, sino que también te ayudará a profundizar y enriquecer tu desempeño. Sumérgete en él y prueba algunos hechizos sencillos; estoy segura de que te enamorarás de la magia de la llama tanto como yo.

Para hacer magia, no es necesario aprender grandes y complicados hechizos. A veces los más sencillos y enfocados consiguen tan buenos o mejores resultados que un hechizo de trece días con velas que debes ir moviendo y para el cual se necesitan siete velas distintas cuidadosamente dispuestas formando un heptagrama. Ahora bien, también es verdad que cuantas más opciones tengas, más personalizados podrán ser tus hechizos. Si dispones del conocimiento necesario para incorporar más elementos (por ejemplo, números, símbolos y colores), podrás aportar a tus hechizos detalles mucho más específicos de tu intención.

Tan fácil como meter un plato congelado en el microondas; prácticamente todo aquel que es capaz de prender una cerilla puede encender un velón para pedir un deseo. Sin embargo, si haces el esfuerzo de pensar en un hechizo a tu medida, utilizas una vela figurativa, la aderezas con aceites y hierbas, eliges velas auxiliares de otro color, las aderezas con otro tipo de aceites, las colocas siguiendo un diseño específico y te concentras en tu obra a lo largo de varios días, lograrás añadir *muchísima* energía a tu hechizo y probablemente crearás un resultado más poderoso y positivo. Cada uno de estos elementos añade una capa extra a tu intención, y toda esta ayuda suplementaria se traduce en una magia mucho más poderosa.

Mis clientes a veces me dicen: «Necesito tu hechizo más fuerte». En momentos así les recuerdo amablemente que no existen hechizos «fuertes» o «débiles», sino hechizos más adecuados que otros para una situación determinada. Para una situación sencilla es posible que tengas bastante con una sola vela, pero si tienes un problema complicado para el que necesitas encontrar una solución o tienes muchos detalles específicos que te gustaría añadir a tu intención, obtendrás unos resultados más satisfactorios si te embarcas en un hechizo mucho más complejo. En este libro aprenderás a realizar tanto hechizos sencillos como complejos, y a decidir qué es lo mejor para tu hechizo.

Existen otras razones por las que puedes querer hacer un hechizo complejo. Los hechizos con velas complejos pueden ser más satisfactorios: tienen un aspecto y transmiten una sensación más mágica, requieren una participación más activa en el proceso de trabajo y, lo que es más importante aún, a través de ellos se aprende mucho más de magia y de cómo funcionan los hechizos. Retomando la analogía de la comida, aunque se *podría* vivir a base de platos congelados (cosa que no recomiendo en absoluto), aprender a cocinar una serie de platos preparados con cariño y que resulten estéticamente agradables puede llegar a ser muy satisfactorio. Cuando eres capaz de prepararlos sin mirar la receta es que te has convertido en un chef. Este libro está pensado para que alcances el nivel de «chef». Aunque el libro contiene algunas recetas de hechizos, son sólo ejemplos, como ver un programa de cocina en la televisión. Lo que este libro pretende realmente es proporcionarte los conocimientos necesarios del arte de la magia con velas para que puedas diseñar tu propio hechizo, personalizar cada elemento con confianza, crear tus propias recetas y contemplar cómo se manifiestan los resultados del trabajo realizado.

1

Kit de iniciación para la práctica de la magia con velas

Antes de empezar a hacer magia con velas, es recomendable reflexionar brevemente sobre lo que estás a punto de hacer. Entender por qué quieres hacer un hechizo con velas, qué es la magia (y qué no lo es), teniendo siempre en cuenta tu propio código ético mágico, y poner en práctica un hechizo con velas básico te ayudará a ponerte en marcha. Empezar con un hechizo eficaz y enfocado es más fácil de lo que piensas.

¿Por qué hacer magia con velas?

Es hora de reclamar una herencia que habías olvidado: usar el fuego para propiciar un cambio mágico en tu vida. No, no me refiero a quemar

edificios ni provocar incendios forestales (aunque no cabe duda de que eso traería consigo *grandes* cambios)... Me refiero a la magia con velas, una disciplina mágica que te permitirá crear una serie de rituales que impulsaran tus intenciones hacia la consecución de tus objetivos mágicos.

Hoy en día, encendemos el fogón de casa o un encendedor sin pensar lo que estamos haciendo, pero, en la antigüedad, la gente era muy consciente del enorme poder que conllevaba tener control sobre el fuego. El control del fuego transformó al ser humano, quien pasó de ser una especie de animal salvaje más a ser dueño de su destino. Con el control del fuego llegó el poder.

El fuego es un elemento intrínsecamente mítico y mágico, más antiguo que la propia historia. Cada vez que encendemos una vela, establecemos una conexión con nuestros ancestros más remotos y su profunda sabiduría sobre el poder místico del fuego. Los hechizos con velas son *realmente* mágicos porque nos ayudan a enfocar los deseos, comprometernos con el proceso de elaboración del hechizo y potenciar nuestra intención.

En el mundo de la magia, solemos clasificar las cosas en función de los cuatro elementos: aire, fuego, agua y tierra. Aunque, a veces, también añadimos un quinto elemento: el espíritu. El elemento fuego representa la acción, la voluntad y la creación. El fuego tiene la capacidad de arrasar nuestras vidas como un devastador incendio forestal, pero también la de calentarnos agradablemente cuando adopta la forma de una fogata en mitad del bosque. El fuego crea el cambio.

No es de extrañar que el fuego haya formado parte de la magia desde tiempos inmemoriales. En todas las culturas y civilizaciones antiguas el fuego forma parte de sus leyendas y mitos. Gracias a las velas, conectamos a través de la historia y las culturas con la esencia pura de la antigua fuerza del fuego. Cuando hacemos magia con velas, conectamos con nuestro ser primitivo más profundo, nuestro yo mágico.

Sin embargo, el fuego no es el único método para hacer magia. Entonces, ¿por qué tenemos que elegir la magia con velas en lugar de quemar incienso, aplicar aceites, crear talismanes, confeccionar monigotes, hacer frascos de hechizos, dibujar sigilos, recitar palabras mágicas o preparar pociones?

Encender una vela con un propósito mágico es como disparar un cohete de poder hacia el objetivo. Las velas son como contenedores de energía y fuerza para un lapso de tiempo determinado. A diferencia de algo como una bolsa de amuletos que puedes llevar encima cada día durante uno o más años, un hechizo con vela condensa su impacto en un período de tiempo limitado. Si necesitas manifestar algo rápidamente o propiciar algún cambio inmediato, un hechizo con velas impulsará tu intención con una intensidad especialmente concentrada.

Otra característica importante de los hechizos con velas es que son extraordinariamente adaptables: pueden usarse para deseos e intenciones o para invitar a un ritual a espíritus, antepasados o deidades. Pueden adaptarse a cualquier nivel de conocimientos mágicos o circunstancias vitales. Si estás empezando a trabajar con hechizos, puedes hacer uno muy sencillo pero eficaz con una sola vela. Si, por el contrario, quieres acumular varios rituales y capas de intención a tu hechizo, puedes modificarlo a tu gusto.

Los hechizos con velas también nos ayudan a concentrarnos. Al fin y al cabo, no se puede encender una vela estando distraído; y si no, que se lo digan a las personas que se han quemado un dedo en el proceso. Si alguna vez has intentado hacer otro tipo de hechizo (visualizaciones, por ejemplo) y no podías evitar que tu mente divagara, los hechizos con velas te ayudarán a centrar tu intención en el objetivo.

Los hechizos con velas también nos permiten comprobar el progreso del hechizo que tenemos entre manos. Al interpretar la forma en se quema una vela o la disposición de los restos, podemos descubrir si nuestros deseos necesitan una limpieza o una redirección espiritual.

Además, hacer un hechizo con velas es extremadamente mágico y divertido. Cada vez que prepares el hechizo, digas las palabras mágicas y enciendas la vela con autoridad, sentirás el poder dentro de ti.

¿De verdad puedo hacer magia con velas?

Sí, así es. No es necesario ser una gran sacerdotisa o sacerdote, un iniciado, una bruja, un hechicero profesional o alguien con muchísima experiencia en el mundo de la magia para hacer magia con velas de una forma eficaz y obtener resultados positivos. Aunque aprender bajo la tutela de un maestro o ser un estudiante aplicado de determinada disciplina espiritual evidentemente traerá consigo sus propias recompensas, no es imprescindible para hacer magia con velas. La magia es auténtico empoderamiento personal. Lo mismo ocurre con el arte: puedes estudiar bellas artes y sacarte un máster o ser un artista autodidacta; los dos caminos conducen a la creación de hermosas obras de arte.

El germen de toda magia

Si estás dispuesto a tomarte en serio el proceso de elaboración de hechizos, creo que vale la pena que cultives lo que considero el germen de toda magia. Todo lo que la humanidad ha creado en la Tierra ha empezado con un pensamiento. Reflexiona sobre esto por un momento. Si estás sentado en una silla mientras lees este libro, esa silla fue diseñada por una persona o un grupo de personas que tuvieron la idea de cuál sería su aspecto y cómo se sentiría uno al sentarse en ella, qué materiales se utilizarían para su construcción y cómo sería su fabricación y venta, es decir, todos los procesos que han permitido que ahora mismo estés sentado en ella. La silla existe porque alguien tuvo la *idea* de la silla. Lo mismo ocurre con todas las facetas de nuestra vida. A través del germen del pensamiento tenemos la capacidad de dar forma a nuestras vidas tal y como deseamos que sean. Tenemos la capacidad de elegir si vamos a pensar «Nunca [rellena este espacio en blanco]» o «Voy a [rellena este espacio en blanco]». Es algo que nadie más que tú puede decidir. El rumbo de tu vida quedará marcado en función de si decides creer que *nunca* lo harás o que *sí* lo harás.

Cambiando de analogía, nuestras vidas son como un caballo y un carro. Nosotros vamos sentados en el carro y nuestros pensamientos son el caballo. Podemos dejar que nuestro caballo-pensamiento se dirija a donde quiera o bien tomar el control de nuestra vida a través de las riendas de nuestra voluntad. Si quieres llevar el carro al mercado, deberás dirigir al caballo hacia el mercado. Y si quieres lograr tus objetivos, deberás usar tu voluntad para dirigir tus pensamientos.

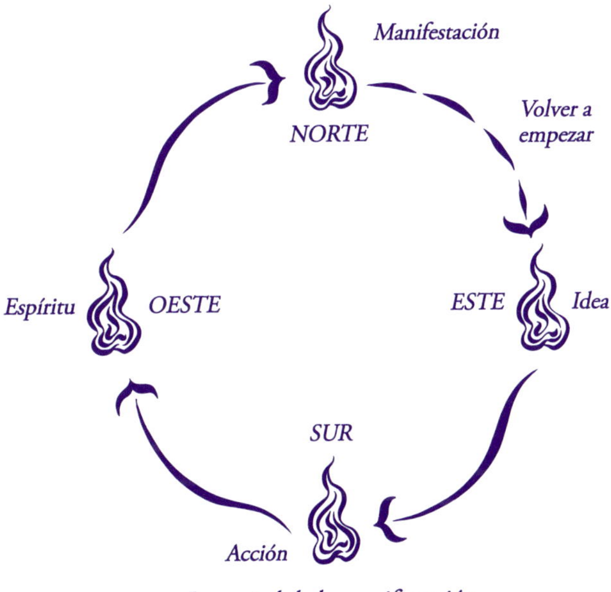

La espiral de la manifestación

¿Significa eso que debemos tener pensamientos positivos perfectos todo el tiempo? En realidad, no. Siempre y cuando estemos yendo en la dirección del mercado, no importa si el caballo se desvía a la izquierda o a la derecha de vez en cuando. Lo mismo ocurre con nuestros pensamientos. Si tenemos un momento de duda, o un pensamiento negativo fugaz, en realidad eso no tiene un efecto decisivo en el resultado final si la mayoría de nuestros pensamientos están centrados en los aspectos positivos. Esos pensamientos constantes, el germen de toda magia, son el principio que nos permitirá manifestar cosas buenas y tener la vida que realmente deseamos.

De hecho, el proceso de la manifestación no está en ninguna vela, hierba o talismán; el poder de la magia es una energía que nace dentro de ti. Empieza siendo una idea, se expande a través de las palabras y las acciones, se combina con el Espíritu y termina manifestándose. Una vez hemos creado la manifestación, aparecen nuevas ideas; y con la ayuda de la acción y la creación colaborativa con el mundo espiritual, seguimos creando aún más cosas.

Cada paso es crucial, y un hechicero enfocado y experimentado puede hacer magia sin ningún instrumento, sólo con su mente. Un mago con determinado grado de conciencia espiritual es capaz de centrarse con claridad y seguridad en sus objetivos, expresar de una forma positiva sus intenciones, llevar a cabo las acciones adecuadas que dan lugar a sincronicidades, practicar la magia y confiar en el Espíritu para facilitar las circunstancias propicias y esperar la culminación de todos estos esfuerzos. El problema es que la mayoría de las personas tenemos un diálogo interior que muchas veces se expresa del siguiente modo:

«Quiero un nuevo amor en mi vida… pero todos los hombres que conozco son unos mujeriegos».

«No quiero estar sola… pero tampoco quiero una relación seria».

«Puedo encontrar el amor verdadero… pero quizá sea demasiado tarde».

«Quiero tener pareja… pero tal vez esté destinada a quedarme soltera».

Y nuestra mente no deja de dar vueltas y vueltas, como una hoja atrapada en un remolino. Las velas resultan tremendamente útiles en los momentos en que perdemos de vista nuestro objetivo o somos incapaces de mantener la mente fija en el resultado final sin vernos acosados por sentimientos de duda o desconfianza. Los hechizos con velas sirven para coger al toro por los cuernos y mantener la intención original hasta que se manifiesta el objetivo.

Por sí sola, una vela no es más que un mero instrumento. Encender una vela sin intención sólo producirá un poco de luz. La magia no está en el interior de la vela. Podemos grabar nuestra intención en una vela, como si de una cinta de casete se tratase, y ésta transmitirá esa energía al universo.

Antes de empezar cualquier hechizo, primero comprueba los pensamientos y creencias que tienes respecto a tus objetivos. Te recomiendo que escribas un diario para sacar a la luz y superar cualquier duda que puedas tener. En el capítulo 4 descubrirás cómo la escritura puede ayudarte a deshacerte de todo aquello que ya no necesitas en tu vida y alcanzar una actitud sólida y positiva que se convertirá en la base de tu asombrosa actividad mágica.

Tu código ético mágico

Antes de practicar cualquier tipo de magia, es fundamental que establezcas tu propio código ético. Al aprender magia de diferentes maestros y fuentes, puede que te enfrentes a distintos planteamientos éticos, algunos de los cuales *requerirán* que sigas su código si no deseas sufrir terribles consecuencias. Sin embargo, sólo *tú* puedes decidir qué es lo mejor para ti.

La magia no es una religión con un conjunto de reglas y mandamientos. Tú debes decidir tus propias reglas. Por eso, te recomiendo que reflexiones sobre las preguntas que encontrarás a continuación antes de empezar un hechizo. Aunque, evidentemente, puedes reflexionar sobre ellas mientras meditas, yo he descubierto que resulta extremadamente eficaz escribir sobre ellas. Escribir un diario ayuda a clarificar y enfocar los pensamientos y, a medida que creces y te desarrollas como hechicera, puedes consultar el diario para comprobar si tus creencias siguen siendo las mismas.

- ¿Pertenezco a una religión o práctica espiritual? ¿Qué enseña mi religión o práctica sobre la ética?
- ¿Qué enseña mi religión o práctica espiritual sobre la magia o la elaboración de hechizos, si es que enseña algo?
- ¿Cuáles son mis límites respecto a hacer daño a los demás?
- ¿Cuáles son mis reglas respecto al control de otras personas?
- ¿Qué opinión me merece la magia coercitiva (en la cual tus deseos reemplazan la voluntad de otra persona)?
- ¿Cuáles son mis creencias respecto a la responsabilidad en la práctica de la magia?
- ¿Cuál es mi conexión con la naturaleza y la Tierra?
- ¿Cuáles son mis creencias respecto al karma o ideas como «recoger lo que se siembra» o «donde las dan, las toman»?
- ¿Qué opinión tengo sobre el hecho de hacer magia en nombre de otra persona?

Una vez hayas reflexionado sobre todas estas cuestiones, puedes empezar a confeccionar tu propio código ético. Antes de empezar a practicar magia, reflexiona sobre qué tipo de hechizos estás dispuesto a poner en práctica y cuáles se ajustan más a tu código ético. Este libro pretende ser una guía general sobre cómo hacer magia, de modo que deberías ser capaz de adaptar cualquier hechizo que encuentres aquí para que encaje con tu propio código ético. Es posible que también encuentres cosas que no casen con tu código personal. Coge lo que te sirva y descarta el resto.

Un altar sencillo

Antes de encender tu primera vela para un hechizo, te recomiendo que primero decidas dónde vas a ponerla. Ponerla en un lugar especial incrementa el poder de la magia. Cuando tratamos nuestras velas con reverencia, le estamos diciendo al Universo que lo que queremos es importante para nosotros. Un altar es una buena opción si deseas crear un espacio donde puedas dedicarte a la oración, la meditación o la magia. En el capítulo 12 exploraremos más a fondo esta cuestión. Por ahora, despeja un espacio especial y seguro (encima de una mesa, mesilla de noche o en el alféizar de una ventana) para que se convierta en tu zona dedicada a la magia. Asegúrate de que no haya nada cerca que pueda quemarse con facilidad, como cortinas, papeles o estanterías superiores, y que puedas controlar a simple vista.

Cómo cargar una vela

Al empezar a hacer magia con velas, una de las cosas que más cuesta creer es que lo que estás haciendo va a tener un efecto real en tu vida. La confianza en los hechizos se va adquiriendo con la experiencia, por eso muchas personas inexpertas contratan a hechiceros para que hagan hechizos por ellos. Aunque nadie puede estar más interesado que tú en el resultado final del hechizo, un hechicero con experiencia no tiene dudas que puedan interferir en el resultado del hechizo que realiza en tu nombre.

Antes de realizar tu primer hechizo, hay una serie de experimentos rápidos que puedes hacer para demostrar la diferencia que existe entre una vela cargada y una que no lo está. Cuando des tus primeros pasos en el mundo de la magia con velas, te resultará útil que puedas reconocer estas diferencias. Recuerda que la vela por sí sola no tiene ningún poder, es sólo una herramienta que contiene la impresión del poder que se le confiere para que juntos podáis manifestar vuestras intenciones en el mundo real.

Mi colega Janine, de Key & Clover, me sugirió el siguiente experimento, muy sencillo y bonito, que puede utilizarse para percibir la diferencia energética en un hechizo con velas. Para ello, debes comparar la combustión de una vela cuando ésta ha sido cargada con tu intención y oración respecto a una que no ha sido cargada con tu energía.

Experimento vela cargada

NECESITARÁS

Dos velas de cumpleaños
Un plato pequeño
Cerillas o un encendedor

Con el siguiente ejercicio, podrás observar la diferencia entre una vela que has cargado energéticamente y una que no ha recibido ninguna carga.

Es posible que en la clase de ciencias del instituto aprendieras que para llevar a cabo un experimento son necesarios dos componentes: el factor de control (el cual no ha sido modificado) y la variable (que sí ha sido modificada). El experimento en sí consiste en la comparación entre ambos elementos. En este experimento, vas a cargar sólo una de las dos velas para comprobar las diferencias en su forma de quemar. En este experimento no harás ningún hechizo, sino que simplemente infundirás una de las dos velas con tu energía positiva, dejando la otra tal y como está (aunque, de hecho, *podría* considerarse un hechizo para pedir satisfacción continua).

Coge dos velas de cumpleaños idénticas del mismo paquete y colócalas sobre una mesa. Cierra los ojos y frota las palmas de las manos entre sí hasta que notes que empiezan a calentarse. Sepáralas ligeramente y presta atención a las sensaciones que experimentas. A continuación, coge una de las velas y sostenla entre las palmas de las manos. Cierra los ojos y concentra tus pensamientos en algo positivo. Puedes visualizar un momento positivo de tu pasado, concentrarte en sueños futuros que te den confianza o simplemente hacer un repaso a todas las bendiciones de las que disfrutas en el presente. Siente la energía que irradian tus manos en dirección a la vela. Lo más importante de este experimento es mantener tu intención de una forma positiva, confiada, sin asomo de dudas ni miedos.

Si tienes dificultades para visualizar, intenta repetir algunas afirmaciones que refuercen tu positividad como, por ejemplo, «Soy feliz» o «Al final todo siempre me sale bien». También puedes simplemente dejarte llevar por una sensación de bienestar, satisfacción y paz. Si te encuentras en un momento de tu vida en el que te cuesta experimentar ese tipo de sentimientos positivos, sentarte a escribir una lista con las cosas de las que estás agradecida suele resultar muy beneficioso.

En cualquier caso, dedícale a esta parte el tiempo que merece. Sostén la vela entre las manos durante varios minutos mientras la cargas de energía positiva. Si te distraes, deja la vela encima de la mesa y vuelve a frotarte las manos. Cuando tengas la sensación de que estás completo (y hayas sostenido la vela durante al menos unos minutos de energía concentrada), puedes dar comienzo al experimento.

Pega ambas velas a un plato. Si utilizas velas de cera de abeja y hace calor, puedes fijarlas con una simple presión; si la temperatura es más baja, calienta ligeramente el plato o utiliza una cerilla para derretir ligeramente la base de las velas y fíjalas al plato.

Ahora, enciéndelas y observa cómo arden. Si te has esforzado en infundir energía a una de las dos velas, verás una diferencia en su forma de quemar. Son muchas las personas que aseguran que la vela cargada energéticamente arde con una llama más fuerte, más activa y que lo hace más rápido que la vela de control.

Fundamentos de los hechizos con velas

Después de haber visto cómo afecta la energía al proceso de elaboración de un hechizo, ha llegado el momento de orientarte en los pormenores de un hechizo básico con velas. De este modo, dispondrás de un marco de referencia y te sentirás mucho más seguro al iniciar tu propio camino mágico.

Para realizar el hechizo con velas más sencillo que existe, sólo necesitarás una vela, una cerilla y una intención clara. De hecho, éste era el tipo de magia con velas que solía hacer de niña cuando empecé a hacer hechizos: colocar una vela y recitar en voz alta mi deseo o intención mientras la encendía. Si es la primera vez que haces magia con velas, te recomiendo que empieces por aquí.

Coge cualquier tipo de vela. Para este primer hechizo, te aconsejo que uses una vela pequeña, como, por ejemplo, una vela de carillón o una de té, de ese modo podrás pasar a hacer otro hechizo poco después, en lugar de esperar a que éste termine.

Independientemente de la vela que elijas, es esencial que sea nueva, no una que ya hayas utilizado antes, y sobre todo una que no hayas usado para otro hechizo. No es recomendable confundir y diluir la intención energética.

Hechizo con velas básico

NECESITARÁS

Una vela
Un portavelas, una bandeja o un plato
Cerillas o un encendedor
Intenciones claras

1. Sostén la vela entre tus manos durante varios segundos o incluso un minuto o más mientras concentras tu intención; visualiza el resultado que deseas obtener o repasa mentalmente las palabras de tu deseo. Siente la energía irradiando de tus manos en dirección a la vela; ese sentimiento carga e infunde la vela con tus intenciones.
2. Coloca la vela en el portavelas o la bandeja.
3. Expresa tu deseo o intención en voz alta mientras enciendes la vela.
4. Quema la vela mientras estés en casa y despierta. Si sales de casa o te vas a dormir, apágala y vuelve a encenderla cuando puedas ver cómo se quema.
5. Enciende la vela cada día hasta que se consuma completamente.

El objetivo de este sencillo hechizo es concentrar tu energía y utilizar el ritual de encendido de la vela para dar fuerza y compromiso a tus intenciones. Sin líos ni complicaciones. También puedes utilizar este formato sencillo cuando emplees velas que contengan aceites y hierbas.

Los hechizos con velas no tienen que ser complicados para resultar eficaces. Si tienes una petición sencilla o necesitas hacer un hechizo *rápidamente* y sólo tienes una vela y una cerilla, puedes recurrir a este formato básico.

¿Puede un hechizo con velas producir un efecto indeseado?

Me hacen esta pregunta al menos una vez por semana: «¿Y si el hechizo tiene un efecto inesperado?». Cuando me preguntan esto, me vienen a la cabeza muchas preguntas, entre ellas, ¿qué significa que un hechizo «produzca un efecto indeseado»? Creo que las personas que suelen preguntarme esto tienen la impresión de que, si hacen «mal» un hechizo, no sólo no conseguirán lo que pretendían, sino que acabarán en una situación mucho peor que antes de empezar. Esto es completamente falso. Piensa en lo siguiente: si estuvieras haciendo un pastel y pusieras sal en lugar de azúcar, acabarías donde estabas antes de empezar a preparar el pastel, es decir, sin pastel. No acabarías en una vorágine negativa donde no volverías a comer más. Y la solución más sencilla al problema consistiría en volver a empezar la receta desde cero.

Lo mismo ocurre con los hechizos. Si cometes un grave error y echas a perder el hechizo, lo peor que puede pasar es que no consigas ningún resultado. ¡Tampoco es para tanto! Un hechizo mal hecho no provoca un retroceso kármico de ningún tipo. Simplemente se convierte en un fiasco, como un petardo que no explota. Si haces un hechizo con velas y no te sale bien, respira hondo, descártalo y empieza de nuevo. ¡Enciende otra vela y deja que el espectáculo de fuegos artificiales siga con una gran explosión!

2

Magia práctica (con velas)

Aunque estemos hablando de una disciplina mágica y espiritual de alto nivel, la magia con velas también tiene que ver con el mundo material. Vas a trabajar con una vela real y con fuego real, por lo que debes tomar todas las precauciones posibles.

También hay que tener en cuenta otros aspectos prácticos. Una vez te sientas cómoda con los hechizos más sencillos, probablemente empezarás a plantearte cuestiones como éstas: ¿qué tipos de vela existen? ¿Hay otros productos que pueden ayudarme a realizar un hechizo más elaborado? ¿De qué color debo elegir las velas?

La seguridad siempre es lo primero

Cuando trabajas con velas, estás trabajando con el elemento fuego. Como ocurre con todos los elementos, si éste no es tratado con reverencia y respeto, puedes tener algunos problemas. Y cuando se trata del fuego, las consecuencias pueden ser muy graves.

A continuación, se describen una serie de precauciones de seguridad bastante lógicas que deberías tener en cuenta siempre que vayas a hacer un hechizo con velas.

1. Asegúrate de estar siempre despierto y en las proximidades de la vela cuando ésta esté encendida.
2. Asegúrate de encender las velas en un lugar donde no haya cosas que puedan arder, como muebles, ropa de cama, alfombras, libros, papeles, cortinas, telas u otros objetos inflamables.
3. Enciéndelas lejos de corrientes de aire, rejillas de ventilación y ventiladores de techo.
4. Elige siempre una zona bien ventilada.
5. Mantén las velas encendidas en un lugar fuera del alcance de los niños y los animales domésticos.
6. Recorta la mecha para que no supere los 6 mm de altura mientras arde.
7. Quema las velas en portavelas diseñados específicamente para eso.
8. Coloca los portavelas sobre superficies resistentes al calor.
9. Mantén la capa de cera derretida libre de adornos, cerillas y residuos.
10. No toques nunca una vela mientras esté encendida. El recipiente puede alcanzar altas temperaturas y podría salpicarte cera caliente.
11. Utiliza siempre un apagavelas para apagar una vela; nunca la apagues soplando.
12. Nunca apagues una vela con agua. El agua puede interactuar con la cera y crear una bola de fuego, hacer que salpique cera y puede llegar a romper los recipientes de vidrio.

13. Apágala si humea, parpadea o la llama es demasiado alta. Una vez que la vela se haya enfriado, puedes recortar la mecha y comprobar que no haya corrientes de aire.
14. Ten a mano un extintor (clase B, K o ABC) para fuegos que se descontrolan.

Tipos de velas

Existen muchas velas distintas que puedes usar para hacer hechizos. ¿Quieres saber cómo elegirla? A continuación, encontrarás las descripciones y características especiales de prácticamente todas las variedades de velas que usarás durante tu viaje mágico con velas.

Velas cónicas

Las velas cónicas son largas y delgadas, el tipo de vela que suele utilizarse para decorar una elegante mesa de comedor. Las hay de muchos tamaños, desde las más largas (30 cm), que suelen verse en los candelabros y que reciben el nombre de velas cónicas altas, hasta las más cortas (12 cm), las cuales suelen utilizarse en los servicios religiosos y que se llaman velas cónicas gruesas. También las hay más pequeñas y delgadas, las cuales a veces se las llama velas de carillón, pero a mí me gusta llamarlas velas cónicas finas. Las velas de cumpleaños también entran en esta categoría (yo las llamo «velas cónicas pequeñas»). Como las hay de distintos tamaños, puedes elegir el tamaño ideal en función del tiempo que quieras que dure la vela.

Aunque se puede hacer un hechizo con una vela cónica, éstas también pueden añadirse como velas adicionales a un hechizo cuando desees aportar algo más de poder. Se pueden utilizar como velas auxiliares, es decir, velas adicionales colocadas alrededor de una vela principal, o a veces también llamada vela maestra. Las velas auxiliares pueden aportar más energía y concentración al incorporar un color mágico adicional o al aderezarlas con aceites y hierbas distintos a los de la vela principal. Las velas cónicas también son excelentes para hechizos de varios días, ya sea dividiendo una vela alta en secciones o quemando una vela fina al día durante un determinado número de días. También puede aderezarse y bendecirse una sola vela cónica con aceites y hierbas y quemarse individualmente para un hechizo corto y concentrado. Una de las ventajas de las velas cónicas es que son fáciles de conseguir, las hay en muchos colores y, por lo general, no tienen fragancia, por lo que puedes añadirles tus propias hierbas y aceites. La mayoría de estas velas están hechas de parafina, aunque las de mayor calidad se hacen con cera de abejas.

Tipos de velas cónicas

Elige una vela cónica fina cuando quieras reforzar una vela más grande con otro color o, si ya tienes en marcha un hechizo, cuando quieras añadir una dosis extra de magia. Por ejemplo, si has hecho un hechizo para que te acepten en la universidad que deseas como primera opción y estás esperando los resultados, puedes encender una vela más grande para pedir que te acepten en la universidad y, una vez ésta se haya consumido, encender una vela cónica fina cada día para mantener activa la energía hasta que recibas la carta de aceptación.

También puedes utilizar una vela fina o una pequeña del tamaño de una vela de cumpleaños cuando necesites activar un hechizo de forma inmediata o casi inmediata. Por ejemplo, tu mascota acaba de escaparse de casa y quieres lanzar un hechizo inmediatamente para propiciar un regreso rápido y seguro.

Velas de pilar

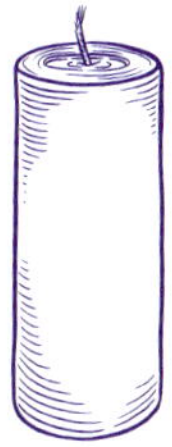

Las velas de pilar son cilindros más gruesos que pueden colocarse en una bandeja o plato y que no necesitan portavelas. Son las típicas velas decorativas, a menudo perfumadas, que encontramos en las tiendas de regalos, balnearios y tiendas de artículos para el hogar. Son más anchas que las cónicas, tienen una base plana y están disponibles en varios tamaños, desde la cortas y anchas hasta las altas y delgadas, con un diámetro que oscila entre los 5 y los 25 cm, aunque las hay incluso más anchas. Las velas de pilar también tienen distintas alturas, desde las velas de té, más bajas y achaparradas, hasta las altas e imponentes que son tan anchas que necesitan varias mechas.

Las velas de pilar de mayor tamaño suelen durar varios días. La ventaja de este tipo de velas es que son lo bastante grandes como para grabar sobre ellas un nombre, un deseo o incluso un texto largo y detallado. Muchas velas de pilar están perfumadas con fragancias, por lo que pueden usarse como si fuera incienso para impregnar un espacio y difundir tus intenciones. A la hora de elegir velas perfumadas con propósitos mágicos, escoge aquellas que contengan aceites esenciales y hierbas que favorezcan y refuercen tu intención. Las velas de pilar más pequeñas y las de té pueden usarse como las velas cónicas pequeñas cuando quieras lanzar un hechizo rápido o quemar una vela al día durante varios días.

Velones y velas en tarro

Los velones (a veces también llamados velones de novena) son velas altas de cera de abeja o parafina dispuestas en el interior de un fino recipiente de vidrio.[1] Son las velas de gran tamaño que podemos encontrar en las iglesias católicas, donde los feligreses hacen una ofrenda encendiendo una vela para acompañar su oración. Aunque tradicionalmente sólo se veían en las iglesias católicas, hoy en día también pueden adquirirse en herbolarios, tiendas esotéricas e incluso en la mayoría de los supermercados.

Originalmente, ardían nueve días seguidos («novena» viene de la palabra latina novem, que significa «nueve»), pero, en la actualidad, como consecuencia de los recortes llevados a cabo por parte de los fabricantes, son más delgadas y pequeñas, y suelen durar mucho menos, entre cinco y siete días si queman de forma ininterrumpida. Este tipo de velas no suelen tener fragancia y las hay de muchos colores. En las tiendas esotéricas pueden comprarse velas sencillas o «aderezadas y bendecidas» (a veces denominada vela «ritualizada»), lo que significa que la tienda ha añadido aceites y/o hierbas espirituales para que se adapten al tipo de hechizo que deseas realizar.

Los recipientes de vidrio de los velones pueden ser lisos, serigrafiados o llevar etiquetas de papel con mensajes o imágenes. También hay velas de repuesto, o «extraíbles», que pueden añadirse a los recipientes vacíos. Las imágenes y palabras que aparecen en los recipientes de este tipo de velas pueden darle al comprador novato una pista sobre el uso que puede darle. Por ejemplo, una vela con una etiqueta en la que pone «Amor verdadero» obviamente puede utilizarse para realizar hechizos o amarres de amor. Una vez hayas aprendido, un poco más adelante en este mismo capítulo, más cosas sobre la magia de los colores, serás capaz

1. En España, lo más habitual es que estos recipientes sean de plástico. *(N. del T.)*

de decidir si quieres que la vela de amor sea de color rosa (para el amor dulce y romántico) o rojo (para una relación más sexual y apasionada).

Una forma muy mágica de personalizar los velones es meter una vela en un vaso de vidrio liso y decorarlo tú misma con rotuladores acrílicos o permanentes, pegatinas o una etiqueta adhesiva previamente diseñada en el ordenador.

Al comprar un velón, fíjate en si la vela es sencilla o está perfumada con hierbas y aceites. Los hechiceros más experimentados prefieren personalizar ellos mismos las velas, pero si compras una vela que ya ha sido aderezada y bendecida por un hechicero experimentado, lanzar un hechizo resulta tan fácil como expresar tu intención y encender la vela. En este último caso, no es necesario tener conocimientos sobre el tipo de hierbas o aceites que debes añadir a tu hechizo porque el profesional de confianza ya lo ha hecho por ti.

Las velas en frasco son velas que vienen en el interior de un recipiente de vidrio de cualquier forma o tamaño. Pueden estar hechas de cera de abejas, parafina, soja, palma o cera de gelatina, y generalmente vienen con una fragancia añadida. Puedes encontrar este tipo de velas en cualquier tienda de regalos, spa o tienda para el hogar, y la mayoría se utilizan simplemente para perfumar un espacio. Sin embargo, también hay algunas variedades mágicas que incorporan hierbas, aceites esenciales e incluso gemas con propósitos mágicos.

Velas votivas

Las velas votivas son pequeñas velas de pilar colocadas en el interior de pequeños recipientes de vidrio (tradicionalmente de color rojo) y que, esencialmente, son una versión más pequeña de un velón. A diferencia de éstos, las velas votivas y los recipientes de vidrio se venden por separado. Originalmente, estas velas más pequeñas solían encontrarse en las iglesias católicas. Los fieles o visitantes que acuden a la iglesia podían hacer un pequeño donativo y encender una de estas velas en lugar de un velón, mucho más grande.

Las velas votivas se consumen en unas pocas horas, por lo que se consideran velas para hechizos de un día; al igual que las velas cónicas pequeñas y las de té, pueden usarse para hechizos de varios días en los que es necesario encender una vela al día. Muchas velas votivas están perfumadas, lo que puede reforzar tu propósito. No obstante, las mejores velas para propósitos mágicos llevan aceites esenciales y hierbas que ofrecen un refuerzo específico al hechizo. La persona encargada de realizar el hechizo también puede personalizar y bendecir las velas sencillas. *No* es habitual encontrar una vela votiva específicamente aderezada y bendecida para un fin específico, como sí ocurre con los velones.

Velas figurativas

Las velas figurativas son velas en forma de figuras humanas, ángeles, gatos, pirámides y muchos otros estilos simbólicos. Son como talismanes visuales que añaden una ayuda suplementaria a la efectivad del hechizo. Del mismo modo que una herradura es más que un trozo de hierro en forma de «U», una vela figurativa ofrece un foco de atención simbólico y más energía al hechizo a través de la imagen visual.

Generalmente están hechas de cera pura, sin perfumar, por lo tanto, cuando se las adereza con aceites y hierbas aumentan su poder mágico. Pueden quemarse solas, junto a otras velas figurativas o con velas cónicas auxiliares.

Velas flotantes

Las velas flotantes son pequeñas velas figurativas con una forma que les permite flotar en un recipiente con agua. Normalmente, las velas flotantes están hechas de cera pura; cuando se utilizan para hechizos, deben potenciarse con aceites y hierbas.

La ventaja de las velas flotantes es que pueden usarse en hechizos con aguas especiales, como agua bendita, agua de luna llena, agua infusionada con hierbas o agua con gemas y talismanes. Las velas flotantes no sólo pueden usarse con agua; también pueden quemarse sobre un plato o una bandeja, como cualquier otra vela figurativa.

Velas de dos colores

Las velas de dos colores son velas cónicas especiales de tamaño extragrande que se han pintado o teñido de modo que la mitad de la vela es de un color (roja, verde o blanca, por ejemplo) y la otra mitad es negra. Usar este tipo de velas es como quemar dos hechizos en uno. La mitad negra se quema para devolver la negatividad al lugar del que procede, y la mitad blanca, roja o verde se quema posteriormente para pedir bendiciones.

Velas de tres colores

Las velas de tres colores son como las de dos, pero con los tercios superior, medio e inferior de diferentes colores. Estas velas cónicas extragrandes suelen ser velas de un solo color cuyos extremos se sumergen en colores distintos para crear el efecto de triple color. Cada color se quema para potenciar un aspecto distinto de un único hechizo. Se parecen a las velas de dos colores porque puede incorporarse más de una intención en un solo hechizo con velas, además de usarse cada sección para un aspecto distinto del deseo. Las velas de tres colores también pueden representar cualquiera de las trinidades divinas, como la Triple Diosa o la Santísima Trinidad, y pueden utilizarse como cirios de altar, espirituales o de bendición para invitar a estas deidades a que te ayuden a propiciar el hechizo.

Velas de acción inversa

Las velas de acción inversa son velas de colores (normalmente rojas) recubiertas con una capa de cera negra. Estas velas se utilizan para invertir la negatividad y devolverla a su lugar de origen. Aunque suelen ser velas cónicas extragrandes, a veces pueden encontrarse con formas figurativas, las cuales pueden añadir una dimensión simbólica a tus hechizos.

Tipos de velas

Otras velas multicolores

También se pueden encontrar velones de varios colores. Dos, tres y a veces incluso hasta siete colores distintos de cera se vierten capa a capa en el interior de un recipiente de vidrio. Estas velas multicolores pueden utilizarse para abordar más de un tema con un solo hechizo. Por ejemplo, puedes encontrar una vela para «Abrir nuevos caminos» con capas de cera naranja, verde y amarilla para potenciar aspectos como la oportunidad, la prosperidad y la suerte, respectivamente.

También pueden encontrarse velas figurativas en varios colores. Estas velas multicolores también se pueden utilizar para aportar diferentes elementos a un hechizo. Por ejemplo, una vela con forma de calavera mitad azul y mitad rosa (azul para la reconciliación y rosa para el amor) o una vela con forma de figura humana de color rojo y una capa exterior de cera negra para favorecer la acción inversa.

La magia de los colores

Una vez que hayas determinado el tipo de vela más adecuado para tu hechizo, es probable que empieces a pensar en el color. ¡El color es mágico! Aportar color a tu hechizo añadirá una dimensión extra de ayuda y poder. Cuando elijas un velón que ya tiene una etiqueta, está potenciada con aceites y hierbas y está bendecida para un propósito determinado (por ejemplo, una vela de «Prosperidad y Abundancia» para atraer el dinero o una vela de «Alma Gemela» para el amor), no es necesario que tengas en cuenta el color de la vela, pues el fabricante ya ha hecho el trabajo por ti. Ahora bien, si eliges una vela sencilla y la potencias tú misma con aceites y hierbas, es posible que quieras elegir un color que se corresponda con tu intención.

Al usar la lista de colores y las áreas correspondientes en los que son más eficaces, verás que en un par de temas puedes utilizar más de un color. Por ejemplo, puedes hacer un hechizo de sanación con velas azules, lavanda, verdes o blancas. Alguien con mucha experiencia en la magia con velas podría percibir una vibración ligeramente distinta para cada color, pero tú no le des demasiadas vueltas a las cosas ni te atasques mientras tomas una decisión. Simplemente, escoge el color que más te atraiga y confía en tu intuición.

Negro

Destierro, transformación, desbloqueo, desenlaces, dominación, protección, invertir, repulsión, liberarse del mal, maldición, encubrimiento, sofisticación, seguridad, seguridad emocional, pasar página, romper esquemas, aflicción, luto, absorber, eliminar, atrapar, encerrar, el inconsciente, misterio, protección del mal de ojo.

Azul

Reconciliación, armonía, paz, bondad, sanación, ideas, inteligencia, sabiduría, lealtad, sueño, meditación, comunicación, creatividad, sueños, confianza, bendiciones, calma, perdón, verdad, dicha, inspiración, fidelidad, honestidad.

Marrón

Justicia, equilibrio, enraizamiento, procesos judiciales, asuntos legales, tener los pies en el suelo, asuntos prácticos, seriedad, fiabilidad, apoyo, estabilidad, seguridad, tierra, naturaleza, animales, hogar, nostalgia, necesidades básicas satisfechas, equilibrio.

Gris

Neutralidad, neutralizar, invisibilidad, moverse en «zonas grises», anonimato, esconderse de los demás, trabajar entre dos mundos, secretos, sabiduría oculta y arcana, invertir, descubrir misterios y secretos, eliminar maldiciones, deshacer hechizos anteriores.

Verde

Prosperidad, abundancia, riqueza, generosidad, suerte con el dinero, carrera profesional, crecimiento, fertilidad, suerte en el juego, negocios, un buen trabajo, armonía, equilibrio, sanación, amor propio, altruismo, amor universal, contacto con los espíritus de la naturaleza.

Lavanda

Sanación, calma, tranquilidad, espiritualidad, meditación, pacificación, cooperación, sensibilidad, compasión, empatía, altruismo.

Dorado metálico

Prosperidad, fama, lujo, generosidad, optimismo, sabiduría, iluminación, victoria, magia solar, confianza, fuerza vital, poder, atracción, magnetismo, vigor, carisma.

Plateado metálico

Sueños, intuición, trabajo psíquico, cortesía, honor, magia lunar, ritmo, ciclos, adivinación, delirios, encantamientos, sabiduría.

Naranja

Nuevas oportunidades, nuevas empresas, nuevos comienzos, cambio de planes, ánimo, abrir camino, eliminar bloqueos, confort físico, cordialidad, seguridad, ambición, creatividad, coraje, optimismo.

Rosa

Amor romántico, amistad, almas gemelas, buenos sentimientos, sanación emocional, conexión con el corazón, afecto, amor familiar, admiración, tranquilidad física, cuidados, cordialidad, juventud, curación del dolor, compasión, perdón, belleza, amor incondicional.

Morado

Empoderamiento, control, mando, dominio, poder, ambición, logros, carisma, lujo, expansión, capacidad psíquica, espiritualidad, autenticidad, verdad, transformación, percepción, justicia, sabiduría, política, adivinación, percepción extrasensorial, intuición, deseos, influencia.

Rojo

Amor apasionado, energía, acción, atracción, sexualidad, magnetismo, voluntad, fuerza, cólera, fuego interior, coraje, cordialidad, lujuria, impulso, placer, vitalidad, vigor, excitación, deseo.

Blanco

Limpieza, claridad, bendición, sanación, inocencia, verdad, conexión con los espíritus o el mundo espiritual, conexión divina, consagración, sueños, conexión psíquica, pureza, descanso, magia lunar, ángeles, devoción, armonía, oración, paz, purificación, verdades universales. El blanco también puede utilizarse como un color multiuso para tus intenciones cuando el color que deseas no está disponible.

Amarillo

Optimismo, prosperidad, felicidad, buena suerte, atracción, éxito, confianza, visibilidad, fama, autoestima, comunicación, concentración, enfoque, inspiración, intelecto, lógica, memoria, conocimiento, aprendizaje.

Velas de más de un color

También hay velas de más de un color. Éstas pueden verse como la combinación del poder de dos colores en un hechizo o como una intención (el primer color que se quema) seguida de una segunda intención (el segundo color que se quema).

Blanco y negro

Revertir la negatividad general y atraer bendiciones, invocar a la Madre Tierra (negro) y al Padre Cielo (blanco), dualidad, yin y yang.

Negro y rojo

Revertir la negatividad en las relaciones y atraer el amor.

Negro y verde

Revertir la negatividad respecto al dinero y atraer la prosperidad.

Los colores del arcoíris

Las velas con siete capas de colores pueden corresponder a los chakras: rojo, naranja, amarillo, verde, azul, índigo y morado o blanco. Pueden usarse para la sanación con chakras, para hechizos que aborden múltiples temas o, dado que el arcoíris es un símbolo del orgullo gay, para la celebración de la diversidad sexual. También puede utilizarse esta vela arcoíris como un hechizo de siete días; para ello, quema un segmento de color cada día.

Otras combinaciones de varios colores

Es posible que encuentres velas con otras combinaciones de colores. Si no estás segura de para qué debe utilizarse, encuentra la respuesta haciendo ingeniería inversa. Mira la descripción de cada color y fíjate si tienen algo en común que los conecta mágicamente. Por ejemplo, una vela verde y amarilla puede usarse para hacer hechizos de dinero (el amarillo para la suerte y el verde para la prosperidad), aunque también podría usarse para pedir el éxito en el trabajo. Una vela azul y rosa puede usarse para la reconciliación (azul) y el amor (rosa). Una vela morada y roja puede utilizarse para el poder (morado) y la voluntad (rojo). Una vela roja, blanca y azul puede utilizarse para la vitalidad (rojo), la bendición (blanco) y la sanación (azul). Busca velas de varios colores y piensa cómo puedes incorporar dichas combinaciones a tus hechizos.

¿Qué debe contener tu caja de herramientas para la magia con velas?

Cuando estés lista para empezar a hacer magia con velas, necesitarás otros elementos para preparar tus hechizos. Algunas de estos elementos son imprescindibles y otros, aunque opcionales, añadirán energía adicional a tus hechizos o harán que la experiencia sea más fácil y agradable.

Cerillas, encendedores o llamas eternas

Lo creas o no, éste es un tema controvertido en el mundo de la magia con velas, con discusiones acaloradas entre los partidarios de las cerillas y los del encendedor. Los amantes de las cerillas aseguran que éstas son más auténticas, antiguas y ecológicas, mientras que los aficionados a los encendedores dicen que el azufre de las cerillas resulta perjudicial para el hechizo. Yo he utilizado ambos y no he notado ninguna diferencia en el resultado final ni en la efectividad del hechizo, así que elige el método que te parezca más mágico. Dicho esto, hay algunas cosas que deben tenerse en cuenta a la hora de elegir el utensilio para encender una vela.

Las cerillas que vienen en las típicas cajas pequeñas están bien si sólo vas a encender una o dos velas; ahora bien, si necesitas encender más de una, te recomiendo que uses cerillas más largas, como las de cocina, de unos 6 cm de largo, para no quemarte los dedos. Para los velones y las velas en tarros de vidrio, es imprescindible disponer de cerillas más largas para volver a encender la vela a medida que se consume en el interior del vaso. Las cerillas largas para chimenea, de unos 28 cm de largo, son especialmente útiles para volver a encender los velones cuando éstos se encuentran en la fase final de su combustión.

Los encendedores para cigarrillos no son adecuados para encender velas porque, o bien tienes que colocar la vela en posición horizontal, o bien hay que poner la llama también en posición horizontal, lo que hará que la llama esté demasiado cerca de tus dedos y te quemes al accionar la rueda dentada. La mejor opción es utilizar encendedores de cocina, los cuales básicamente son encendedores para cigarrillos, pero un poco más grandes y con un cuello más largo para mantener la llama alejada de los dedos. Al igual que las cerillas para chimenea, resultan especialmente útiles para alcanzar los frascos de velones altos y estrechos. Sin embargo, tienen el inconveniente de que la mayoría no son recargables y, por lo tanto, acaban en la basura. No obstante, se pueden encontrar algunos modelos recargables; si finalmente te decides por esta opción, te recomiendo que uses estos últimos.

Otra opción interesante son los encendedores USB. Se trata de encendedores reutilizables que se recargan con un enchufe USB. Estos encendedores no usan ningún tipo de combustible, sino que generan una pequeña chispa eléctrica en el interior de un espacio lo suficientemente grande como para colocar en él una mecha. Además, tienen algo de mágico. Al activar un hechizo con una descarga eléctrica, simbólicamente, le estamos proporcionando una dosis real de energía. Otra ventaja de este tipo de encendedores es que tienen millones de cargas, así que, a diferencia de los encendedores desechables, no añadirás más plástico a los vertederos.

Otra opción para encender tus velas mágicas es utilizar una vela cónica a modo de llama eterna. Aunque el concepto de llama eterna pueda parecer muy especial y mágico, a la hora de la verdad consiste simplemente en usar una vela para encender otra. El concepto detrás de la llama eterna es el de evitar que el azufre de la cerilla o el gas butano del encendedor toquen la vela que se convertirá en el centro de tu hechizo. Enciende una vela cónica con una cerilla, un encendedor o con la llama de un hornillo de gas y luego utiliza esta vela para encender la vela de tu hechizo.

Una última alternativa que te permitirá profundizar en la magia natural: utiliza una lupa y la luz del sol para encender un pequeño fuego. Este «fuego solar» después puede usarse para encender una llama eterna con la que encender tus velas mágicas. Para este método, aparte de paciencia, necesitarás un día soleado (algo que no es precisamente fácil); sin embargo, si deseas aportar la energía del sol a tus hechizos, este método puede resultar muy poderoso y satisfactorio.

Tarros y recipientes de vidrio

Muchas velas vienen con un tarro de vidrio incluido, como los velones, las velas en tarros y algunas velas votivas. También puedes encontrar velas en recipientes metálicos u otros materiales más resistentes al calor. Este tipo de recipientes ayudan a mantener unidas las velas hechas con cera más blanda y permiten que ésta se queme del todo en lugar de formar charcos y esparcirse por un plato o una bandeja. El objetivo de la mayoría de los hechizos con velas es que ésta se consuma completamente, y los recipientes ayudan a conseguirlo.

En el caso de las velas de pilar o las de candelabro extragrandes, he descubierto que resulta muy útil ponerlas en tarros altos de vidrio o en portavelas grandes para contener la cera y dejar que se consuman lo máximo posible. Quemar una vela en un tarro de vidrio también permite al hechicero practicar la capnomancia (examinar el hollín o los dibujos que deja el humo en las paredes del tarro de vidrio) una vez el hechizo ha concluido.

Portavelas

Un portavelas para velas cónicas, a veces también llamado candelabro o candelero, puede estar hecho de cualquier material ignífugo, como metal, cerámica o vidrio. Los portavelas suelen sostener una única vela, mientras que los candelabros o candeleros están pensados para colocar varias. Normalmente, éstos últimos están diseñados para colocar en ellos velas cónicas estándar, pero también pueden colocarse velas más pequeñas o grandes realizando algunos ajustes, ya sea tallando la base de la vela para reducir su grosor o añadiendo un poco de cera blanda alrededor de la base de una vela demasiado pequeña. Te recomiendo que utilices portavelas individuales cuando enciendas una sola vela o quieras disponer varias velas en un altar formando un patrón determinado.

Hay algunos candelabros especiales que admiten velas cónicas finas (velas de carillón). Los carillones, candelabros suecos de latón o madera típicos de la Navidad, y de donde proviene el nombre de «velas de carillón», son un objeto maravilloso que puedes adaptar para tus hechizos mágicos. Estos portavelas especiales disponen de un fino molinete de latón o madera que gira con el calor de las cuatro velas situadas debajo, lo que también hace que repiqueteen unas pequeñas campanillas o que se muevan unas figuritas. Aparte de honrar los siete días o las ocho noches de la festividad, la menorá de Janucá o la quinara de la Cuanza también pueden usarse para realizar hechizos. Piensa en formas de incorporar estos portavelas en tus hechizos, como, por ejemplo, encender más de una vela para la intención de tu hechizo o encender una al

día durante varios días (consulta el capítulo 8 para obtener más información sobre los hechizos con varias velas y los que duran varios días).

Tipos de apagavelas

Un apagavelas es un utensilio que «extingue» una vela cortando el suministro de oxígeno a la mecha. Los apagavelas suelen tener forma cónica o de campana y disponen de algún tipo de mango. Para usar un apagavelas, basta con colocar el cono sobre la llama y mantenerlo así durante varios segundos.

Además de ser la forma más romántica y anticuada de apagar una vela, utilizar un apagavelas también es la forma más segura de hacerlo. Si la apagas soplando corres el riesgo de esparcir cera caliente y líquida por todas partes, ensuciándolo todo o incluso quemando a otras personas. Desde una perspectiva mágica, apagar una vela soplando la llama representa una falta de respeto al espíritu del fuego, dando a entender que ya no le das ninguna importancia al objetivo del hechizo. En muchas disciplinas mágicas, apagar una vela con un apagavelas es la forma aceptable de poner en «pausa» un hechizo; en cambio, apagarla soplando indica que el hechizo ha terminado.

Siempre les recomiendo a mis alumnos que apaguen las velas cuando salgan de casa o se vayan a dormir. He presenciado muchos incidentes en los que las llamas de las velas han provocado pequeños incendios; si no estás cerca para apagar las llamas, podría producirse una tragedia.

Existen otro tipo de apagavelas que son unos largos ganchos metálicos que apagan la llama sumergiendo la mecha en la cera derretida. Posteriormente, se puede volver a enderezar la mecha para que sea más fácil volver a encenderla. Aunque no son tan conocidos como los apagavelas en forma de campana, funcionan igual de bien. Los apagavelas en forma de gancho también resultan muy útiles para recuperar las mechas que han quedado sumergidas en la cera derretida antes de que ésta se endurezca.

Bandejas y fuentes

Si tienes previsto hacer algún hechizo complejo con velas figurativas, de pilar o cónicas, necesitarás bandejas y fuentes. Cualquier bandeja que utilices para hacer magia con velas debe ser ignífuga (por tanto, nada de platos de papel ni bandejas de madera). Puedes adquirir bonitas bandejas específicamente hechas para colocar velas en tiendas de decoración o, si lo prefieres, transforma una bandeja de hornear, un grueso plato de cerámica, una bandeja para servir o una fuente en una plataforma para hacer hechizos con velas.

Incienso

Aunque no es imprescindible para hacer magia con velas, el incienso añade una dimensión suplementaria al ritual mágico. A través del sentido del olfato revivimos intensamente nuestros recuerdos y, además, estoy convencida de que los aromas nos ayudan a concentrarnos (piensa, si no, en el olor del café o el perfume o colonia de tu pareja). Si quemas un incienso natural de calidad para reforzar tu intención mágica antes de empezar tus rituales con velas, notarás una diferencia notable en el nivel de concentración mientras realizas el hechizo.

También puedes añadir una capa adicional de magia a tus hechizos agitando suavemente la vela a través del humo del incienso antes de aderezarla o encenderla. Si el humo te irrita los pulmones, puedes crear un incienso sin humo poniendo unas cuantas gotas de tu aceite espiritual favorito (dentro de poco te daré más detalles sobre esto) y un poco de agua mineral en un pulverizador. Agítalo y rocíalo por la habitación o encima de la vela antes de empezar el hechizo.

Aceites espirituales

Los aceites espirituales se utilizan para potenciar las velas y tienen dos propósitos. En primer lugar, un aceite espiritual de buena calidad contiene aceites esenciales y hierbas para reforzar la intención mágica. Por ejemplo, el aceite de la Prosperidad y la Abundancia contiene aceites esenciales y hierbas (como la pimienta de Jamaica) que tradicionalmente se utilizan para incrementar la riqueza material. Además, al aplicar aceite sobre una vela estamos creando una superficie ligeramente pegajosa que ayuda a que los polvos, las hierbas y la purpurina se adhieran a ella más fácilmente.

Cuando apliques aceite a una vela, debes tener claro si el hechizo invocará algo (atracción) o expulsará algo (limpieza). Si pretendes atraer algo, aplica el aceite con un movimiento ascendente desde la base hacia la mecha. Si quieres deshacerte de algo, aplícalo con un movimiento descendente, desde la mecha hacia la base. (En el capítulo 4 profundizaremos más en este tema).

Saquitos de polvos espirituales

Este tipo de saquitos contienen polvos infusionados con aceites esenciales y hierbas para propiciar un determinado resultado. Son la versión en polvo de los aceites espirituales. Se pueden espolvorear alrededor de la base de una vela o aplicarse directamente a ésta (si se utilizan de este último modo, se adhieren mejor si previamente has aplicado aceite a la vela). Puedes usar el mismo tipo de aceite y polvos en una vela (por ejemplo, aceite y polvos para una Protección Poderosa) o personalizar tu hechizo mezclando y combinando distintos tipos de aceites y polvos (por ejemplo, aceite para la Atracción Magnética con polvos para el Amor Verdadero).

Para potenciar tus hechizos, también puedes rociar polvos espirituales sobre bandejas de velas o altares para dibujar formas mágicas con ellos alrededor de la vela. (Consulta el capítulo 9 para obtener más información sobre la magia de las formas).

Hierbas, raíces, flores y resinas

Utiliza plantas frescas o secas en tus hechizos para añadirles potencia y una ayuda extra. Las hierbas, raíces y flores son la guinda del pastel para tus hechizos con velas. Puedes rociar hierbas secas sobre velones o velas de pilar; ablandar la cera de una vela de pilar o cónica y rebozarla con hierbas; aplicar aceite a una vela figurativa y espolvorearla con hierbas, y/o colocar flores frescas o secas, raíces o hierbas sobre la bandeja donde colocarás las velas del hechizo. Consulta el apéndice I para ver una lista de hierbas y sus usos mágicos.

Independientemente de cómo utilices las hierbas, no abuses de ellas. Añadir más hierbas no significa que el hechizo vaya a ser más poderoso. Las hierbas secas son altamente inflamables, así que no sobrecargues la vela con hierbas si no quieres provocar un incendio. En caso de duda, usa menos cantidad y espárcelas alrededor de la vela en lugar de ponerlas encima. Aunque las hierbas colocadas alrededor de una vela también pueden incendiarse, es menos probable que ocurra que con las que se rocían directamente sobre la vela.

Papeles de petición

Los papeles de petición son trozos de papel en los que se escriben deseos, palabras mágicas o intenciones. Un papel de petición básico es un pedazo de papel lo suficientemente grande como para poder escribir en él tus intenciones, pero lo suficientemente pequeño como para poder doblarlo y colocarlo debajo de la bandeja, portavelas o velón. Por lo general, un papel de petición es cuadrado y mide unos 5 cm por lado, aunque, por supuesto, puedes experimentar con papeles más grandes o más pequeños o de otras formas.

Aunque puede usarse cualquier tipo de papel, a algunas personas les gusta añadir algo de magia adicional a su hechizo utilizando algún tipo especial de papel, como pergamino o un papel del color que corresponda a su intención (*véase* la sección dedicada al color de las velas en este mismo capítulo para aprender las pautas básicas respecto a la magia de los colores). Aunque puedes escribir tu intención a máquina o imprimirla en el ordenador, yo prefiero escribirla a mano. Puedes usar un bolígrafo o un lápiz y añadir un poco de magia de los colores escribiéndola con una tinta o lápiz de color que refuerce tu intención mágica.

Existen muchos estilos de papeles de petición, desde los más sencillos a los más elaborados. Los exploramos todos en el capítulo 3, el cual está dedicado a la escritura de palabras mágicas.

Gemas, conchas y talismanes

Los cristales, las conchas y los amuletos de la buena suerte añaden belleza y una capa extra de magia a los hechizos con velas. Puedes añadir trocitos de cristal sin pulir o gemas que hayas recogido de otros objetos alrededor de la vela para cargar el hechizo con la energía de esa gema. Puedes elegir el tipo de gema de forma intuitiva o consultar el apéndice II para encontrar la gema adecuada para tu hechizo. Hay muchas gemas fáciles de encontrar y a precios razonables que pueden reforzar tu hechizo de un manera realmente poderosa.

Las conchas también pueden utilizarse mágicamente para mejorar los hechizos con velas. Las conchas atesoran la energía de su hogar, el mar, aportando a tu intención todo el poder emocional del océano. Puedes elegir simplemente aquellas conchas que te resulten más atractivas o elegirlas en función de tus objetivos mágicos. También puedes guardar las conchas de una comida para usarlas posteriormente en tus hechizos con velas. (Me encanta la idea de evitar que un objeto mágico acabe en el contenedor de la basura). En el apéndice III que encontrarás al final del libro hay una lista de conchas y sus usos mágicos.

Los talismanes y amuletos son curiosidades naturales o artesanales que normalmente denominaríamos «amuletos de la buena suerte». Puedes añadir monedas, amuletos y joyas a tu hechizo para intensificar su poder. Utilizar objetos que tengan un significado personal para ti (como, por ejemplo, una moneda de la suerte o un anillo que te regaló una pareja sentimental), puede añadir a tu hechizo una conexión personal. También puedes añadir a cualquier hechizo amuletos con formas simbólicas, como un corazón o un trébol de cuatro hojas, que puedes encontrar en tiendas especializadas. Para usarlos, simplemente, colócalos alrededor de la vela. En el apéndice IV encontrarás una lista de talismanes mágicos.

Independientemente de lo que uses, dispón las gemas, conchas o talismanes alrededor de la vela antes de encenderla. Una vez hayas completado el hechizo, puedes llevar los amuletos contigo, ponértelos o colocarlos en un altar para mantener activo el poder del hechizo.

Purpurina y confeti

La purpurina y el confeti pueden aportar un poco de la magia del color a tu hechizo (*véase* la sección dedicada a la magia del color en este mismo capítulo), así como energía reflectante para irradiar tu intención al mundo. Puedes usar purpurina del mismo color que la vela para aportar una ayuda extra o de otro color si deseas añadir otra capa de intención a tu hechizo. La purpurina y el confeti también pueden incorporar otro elemento que se puede «interpretar» una vez el hechizo se haya completado (*véase* el capítulo 11 para descubrir más cosas sobre el significado de la forma de la cera).

Ten en cuenta que, aunque la purpurina puede ser un hermoso complemento para las velas, la mayoría de la purpurina y el confeti están hechos de microplásticos. Esto puede resultar problemático, ya que este tipo de material, que tarda milenios en descomponerse, aumenta el problema de la contaminación y puede acabar en los océanos y en la tierra, donde es consumido por muchos animales. Aunque el confeti de papel podría parecer una buena alternativa al de plástico, yo no suelo utilizarlo en mis hechizos con velas porque el papel puede arder fácilmente, además de hacer mucho humo y ser una posible causa de incendios.

Pero tengo buenas noticias para ti. Si estás dispuesta a buscarlas, existen muchas alternativas que te permitirán darle un brillo extra a tu hechizo mientras sigues siendo respetuosa con el medio ambiente. Puedes usar purpurina biodegradable (a veces llamada purpurina ecológica) hecha de celulosa (un producto vegetal), mica en polvo o en copos (un mineral natural), purpurina de vidrio triturado, cuentas de vidrio, pedrería plana de vidrio (hecha completamente de vidrio), gemas trituradas, purpurina o confeti comestible (hecho de azúcar e ideal para hechizos de endulzamiento), pan de oro o plata auténtico o de imitación (hecho de cobre y aluminio). Todas estas alternativas son menos perjudiciales para el medio ambiente y pueden aportar un brillo increíble a tu magia.

Para utilizar este material en tus hechizos, primero aplica aceite a la vela y después espolvoréala con purpurina para que brille. También puedes añadir una pizca de purpurina en la parte superior de un velón para añadir un toque de magia del color.

Tijeras, cortapabilos y pinzas

Cuando se quema una vela, la altura ideal de la mecha debe estar entre los 6 y los 12 mm. Cuando la mecha es demasiado larga, produce hollín y humo, arde demasiado rápido y los fragmentos quemados se acumulan en la cera derretida, lo que puede provocar que acaben ardiendo.

Aunque, antes de encenderla, se puede recortar la mecha de una vela nueva con unas tijeras para que tenga una altura aceptable, éstas son un poco difíciles de usar cuando la vela está encendida (sobre todo si se trata de una vela en un tarro o un velón). Lo ideal es utilizar un cortapabilos, unas tijeras especiales que permiten recortar la mecha a una altura aceptable, incluso si está en el fondo del recipiente de un velón. Los cortapabilos están diseñados para recoger los trozos recortados y que, de ese modo, no caigan en la cera derretida y puedan provocar un incendio.

Un truco de bruja muy útil: si recortas la mecha de una vela nueva, guarda los trocitos de mecha para poder usarlos como mechas auxiliares con velas que han perdido la mecha o que ésta es demasiado corta (*véase* la sección sobre qué significa si la mecha desaparece en el capítulo 11 para obtener más información sobre cómo fabricar una mecha auxiliar).

También es una buena idea tener unas pinzas largas (a veces también llamadas «pinzas de acuario») para extraer los trozos de mecha caídos o cualquier otro material sobrante que pueda caer en la vela. Las pinzas son útiles asimismo para enderezar las mechas que han quedado sumergidas en un exceso de cera derretida y para extinguir la llama de una vela en lugar de apagarlas soplando. También pueden usarse para encender carbón para incienso sin quemarte los dedos. Puedes encontrarlas en tiendas de acuarios o en Internet.

Clavos, alfileres, buriles para cera y herramientas de tallado

La práctica mágica requiere que a veces tengamos que empuñar algo afilado. En el caso de las velas, los clavos y alfileres son de lo más útil. Los clavos grandes van muy bien para grabar palabras y nombres en las velas. Puedes hacer que estas herramientas sean superespeciales para tus hechizos. Por ejemplo, puedes usar grandes clavos de latón «dorados», clavos de cobre y «clavos de ataúd» de hierro forjado para grabar tus velas y aportar todo el poder mágico de estos metales.

Aunque algunas personas usan alfileres para hacer grabados en las velas, son demasiado finos, difíciles de controlar y endebles para rascar sobre la cera dura sin que se doblen. Sin embargo, los alfileres son la herramienta perfecta para marcar las distintas secciones de las velas para los hechizos que duran varios días. Aunque puedes utilizar alfileres con cabeza de colores para marcar los segmentos, los alfileres sencillos también sirven.

Los alfileres también sirven para concentrar el poder. Como los alfileres que marcan distintos puntos de un mapa, puedes utilizarlos como una pequeña varita mágica para señalar una zona de una vela figurativa en la que te gustaría hacer algún cambio o donde quieres enviar un flujo de energía concentrada. Mucha gente cree que usarlos de este modo es como usar alfileres en un muñeco de vudú para hacer daño a alguien; si bien es cierto que pueden usarse estos puntos focales con un objetivo dañino, también es verdad que pueden usarse para un propósito mucho más positivo. Todo depende de tu intención. Por ejemplo, puedes clavar un alfiler de cabeza rosa en el corazón de una vela figurativa para hacer que alguien sienta más amor.

Los buriles para cera son herramientas especiales que sólo se utilizan para grabar sobre cera. Son como lápices metálicos que tienen una punta afilada en uno o ambos extremos. La ventaja es que son fáciles de sujetar y de escribir con ellos. Algunos están hechos específicamente como herramienta mágica, lo que puede añadir un poco de energía extra a un hechizo.

Si te gusta tallar símbolos y sigilos en los laterales de las velas de pilar o extraíbles, en las tiendas de Bellas Artes podrás encontrar muchas herramientas para tallar y grabar. Para obtener distintos grosores y más variedad de detalles, prueba a trabajar con cuchillas para linóleo, agujas de grabado o un estilete.

Cuchillos y herramientas para velas

Los cuchillos son útiles para tallar velas. Es posible que quieras cortar el exceso de cera de una vela de pilar ancha cuando la mecha haya creado un surco interior o tallar surcos en los laterales si la cera se acumula en el centro. También puedes utilizar cuchillos para cortar la parte superior de una vela reversible y crear una nueva parte superior a partir de la inferior, para así poder darle la vuelta a la vela, tal y como como se describe en la sección dedicada a las velas de dos colores del capítulo 10.

Una herramienta para velas es un instrumento metálico largo, del tamaño de un lápiz, con un punzón en un extremo y una pequeña cuchara en el otro, algo así como una cuchara de helado en miniatura. Aunque las herramientas para velas se utilizan para retirar el exceso de cera o tallar surcos en las velas de pilar como haríamos con un cuchillo, su gran ventaja es que con ellas puedes retirar la cera alrededor de una mecha ahogada sin cortarla, lo que permite volver a utilizar velas que se han apagado demasiado pronto.

Destornilladores, punzones, picahielos, palillos metálicos y agujas de tejer metálicas

Cualquier herramienta afilada, como un destornillador, un punzón, un picahielos, un palillo metálico o una aguja de tejer metálica puede usarse para aderezar y bendecir velones. Con la ayuda de estos objetos largos y puntiagudos, puedes practicar orificios en la parte superior de un velón y verter una gota de aceite en cada orificio. En el caso de los palillos o las agujas de tejer, es necesario que sean de metal, ya que los de madera o plástico suelen romperse al ejercer la presión necesaria para hacer los orificios.

Estas herramientas largas y afiladas también resultan útiles si tienes que hacer un agujero para colocar una nueva mecha en una vela que la haya perdido. En caso de apuro, pueden usarse para tallar sobre la cera.

Pegamento para velas, ajustadores de velas, sujetavelas y afiladores de velas

Si alguna vez has trabajado con velas cónicas, sabrás que no hay un tamaño estandarizado para las velas y los portavelas. Las velas pueden ser demasiado gruesas o demasiado delgadas para un portavelas, o los portavelas pueden ir demasiado ceñidos o demasiado sueltos. El resultado siempre es el mismo: la vela cónica acaba por torcerse. ¿Qué puede hacer una bruja ante esta situación? Hay muchas herramientas y materiales que nos ayudan a encajar las velas en los portavelas.

El pegamento para velas es una cera blanda y pegajosa que sirve para mantener la vela asegurada al portavelas o para rellenar los huecos cuando la vela es demasiado delgada. El pegamento para velas viene en tubos, latas o puntitos de cera sobre un cartón.

Los ajustadores de velas son círculos de espuma que se colocan en la base de una vela cónica para rellenar el hueco cuando el portavelas es demasiado grande. Los sujetavelas son gomas elásticas estriadas que se colocan alrededor de la base de la vela para hacerlas encajar perfectamente al portavelas.

Los afiladores de velas, que son como grandes sacapuntas, se pueden utilizar para reducir la base de una vela y lograr que ésta se ajuste mejor a un portavelas demasiado ceñido.

Extintores, bicarbonato sódico, arena y tapas de sartén

Si quemas velas en casa, es recomendable tener a mano un extintor, bicarbonato de sodio o un cubo lleno de arena por si las llamas se descontrolan. Aunque tu primer instinto puede ser utilizar agua para apagar una vela que ha provocado un pequeño incendio, en realidad puede empeorar las cosas, ya que, cuando la cera derretida entra en contacto con el agua, puede crear una peligrosa bola de fuego conocida como incendio de cera. La mejor opción es utilizar un extintor certificado para incendios que involucran grasa (clase B, K o ABC), una caja grande llena de bicarbonato o un cubo lleno de arena. También puedes apagar un incendio más pequeño con la tapa de una sartén

3

Palabras mágicas

Las palabras son una parte importante de cualquier hechizo. En tanto elemento comunicativo, nos ayudan a aclarar ideas y a compartirlas con los demás, ya sea en voz alta o por escrito. En hechicería, los «demás» pueden ser las personas con las que hacemos el hechizo o deidades, el Espíritu, el Universo, guías espirituales o incluso nuestro yo superior.

Uno de los componentes más poderosos de un hechizo con velas son las palabras que usas. Al escribir tus intenciones en un papel de petición y pronunciar esas palabras mágicas en voz alta, estás estableciendo la dirección de tu hechizo.

Escribir con antelación las palabras mágicas perfectas

¿Alguna vez has experimentado el fenómeno de hablar antes de haber aclarado bien tus ideas? Tropezamos con las palabras y, con un poco de suerte, tal vez somos capaces de llegar a un punto en el que logramos comunicar aquello que queremos decir. Sin embargo, si dedicamos algo de tiempo a planificar nuestras palabras con antelación, es más probable que alcancemos ese punto sin confusiones innecesarias.

Planificar lo que vamos a decir también funciona muy bien con los hechizos. Es preferible poner por escrito lo que queremos decir o pronunciar nuestro conjuro con autoridad que improvisar y andar buscando la palabra adecuada.

Antes de empezar a redactar tu papel de petición o conjuro, te recomiendo que primero escribas tu intención para aclararte las ideas. Coge un trozo de papel y anota en él tus deseos o intenciones para el hechizo al estilo del flujo de escritura consciente. Mientras escribes, asegúrate de que tu intención alcanza su nivel más alto. Por ejemplo, si estás escribiendo un deseo, asegúrate de que sea un gran deseo, no uno mediocre.

Escribe todo lo que esperas conseguir con tu hechizo y profundiza un poco más. ¿Te preocupa tu magia? ¿Tienes miedo de que tu hechizo no se manifieste o hacer algo mal? ¿Te sientes como si te faltara la convicción de que tu hechizo pueda materializarse? ¿Cuáles son los sentimientos subyacentes que crees que tu deseo resolverá? Éstas son el tipo de cosas que deberías explorar durante el proceso previo a la escritura. Anótalo todo y saca a la luz todos tus pensamientos, creencias y sentimientos para poder confrontarlos y transformarlos. Tómate el tiempo que necesites para centrarte en tus sentimientos y dejar que aflore a la superficie todo lo que piensas sobre el tema en cuestión. Si empiezas a escribir sobre otros temas, no te preocupes. Estás en la fase de escritura libre, así que, salga lo que salga, está bien; ya lo editarás más tarde.

En primer lugar, escribe acerca del problema para el que intentas encontrar una solución integral. Escribe todos tus pensamientos, sentimientos e ideas, como si estuvieras sincerándote con una amiga íntima. A continuación, tienes un ejemplo de escritura libre:

> Ojalá pudiera conseguir otro trabajo. Mi trabajo es muy estresante. Odio mi trabajo y me gustaría poder dejarlo y encontrar otra cosa. Me siento abrumada por las tareas que me dan y no dejo de cometer errores. Quizá podría montar un negocio paralelo y no tener que volver a trabajar. Sería increíble. Odio ir a trabajar. No es que odie el trabajo, me gusta hacer las tareas, pero mi jefe me hace sentir como si no supiera lo que estoy haciendo. No da tiempo suficiente para terminar los proyectos, siempre tiene que hacer las cosas a su manera y no me deja probar un sistema que me vaya mejor a mí. Es muy amable con algunos empleados y muy crítico conmigo y con un par de personas más. Me da la sensación de que tiene algunos favoritos y que a las personas con las que se lleva bien les permite todo, mientras que conmigo es exigente hasta el más mínimo detalle. Aunque me gustaría trabajar en otro lugar, hay muchas cosas de este trabajo que me gustan. Aquí tengo muchos amigos, la empresa es flexible con los horarios y me queda muy cerca de casa. El sueldo es muy bueno y mantener este puesto durante algunos años quedaría muy bien en mi currículo. Por eso, no quiero dejarlo y coger otro trabajo en este momento sólo por él, aunque realmente me está haciendo la vida imposible. Me gustaría tener otro jefe, pero lleva muchos años en el puesto y no lo van a cambiar. No es un imbécil total. Cuando le veo ser amable con los demás, parece bastante agradable y a mis compañeros de trabajo parece ser que

> les cae bien. No es justo. Tal vez si fuera más amable conmigo o tuviera una mejor opinión de mí, las cosas irían mejor. Si fuera tan amable conmigo como lo es con los demás, creo que todo lo demás se solucionaría. Por fin podría gustarme mi trabajo.

En el ejemplo anterior, la persona empieza con la idea de que quiere encontrar otro trabajo, pero, al final, se da cuenta de que el problema no es el trabajo en sí, sino su jefe. Si éste dejara de ser tan duro con ella, el trabajo sería bastante bueno. Si la persona no se hubiera molestado en escribir todas estas cosas, podría haber acabado haciendo un hechizo para encontrar otro trabajo; sin embargo, gracias al proceso de escritura libre, se dio cuenta de que el trabajo no era el problema. El trabajo de preparación del hechizo debería enfocarse en el hecho de que el jefe tenga una mejor actitud hacia ella.

Después de haber puesto tus pensamientos durante varios minutos o tras llenar una o dos páginas, estás lista para volver atrás y encontrar las palabras adecuadas que finalmente formarán parte de tu papel de petición.

Cómo redactar un papel de petición

Partiendo del texto que has escrito durante el proceso previo a la escritura, ahora ha llegado el momento de pulirlo y convertirlo en tu petición. Un papel de petición es un deseo escrito o una intención que describe la naturaleza del hechizo. Puede usarse como un simple hechizo independiente o añadirlo a otros objetos mágicos para dotar a tu magia de una dirección. Los papeles de petición ayudan a definir el enfoque del hechizo y refuerzan tu intención. Un papel de petición básico es simplemente, la redacción concisa de lo que quieres que haga tu hechizo.

Cuando llegamos a un acuerdo formal con otra persona, solemos escribir un contrato para asegurarnos de que estamos de acuerdo y que no hay malentendidos. Los contratos por escrito también hacen que el acuerdo se considere más serio. Me gusta considerar los papeles de petición como contratos con el Universo. Gracias a ellos, aclaramos nuestra intención hacia nosotros mismos y el Universo, además de comprometernos con él y declarar que realmente queremos que nuestros deseos se hagan realidad. Un contrato no es para gente que le cuesta tomar decisiones. Cuando redactas un papel de petición, le estás diciendo al Universo que tu intención va en serio y es concreta.

Al igual que un buen contrato, un papel de petición debe ser condensado y preciso. Al estar trabajando en una manifestación, debes intentar que tu papel de petición sea lo más positivo posible. Es decir, escribe lo que *quieres* en lugar de lo que *no* quieres. Hay dos razones para hacerlo de este modo: si dices lo que no quieres, dejas abiertas un montón de opciones para lo que puede sobrevenir. Si escribes: «No quiero un camión viejo», ¿significa que quieres un camión nuevo? ¿Un coche? ¿Que no quieres ningún tipo de vehículo? Hay mucho margen para la interpretación. Asimismo, cuando dices lo que no quieres, en realidad, estás centrando toda tu atención en eso. Si es un pensamiento fugaz, no pasa nada, pero si estás intensamente concentrado en ese viejo camión que no quieres, estás centrando tu atención en el lugar equivocado.

Para redactar un papel de petición realmente sólido, lo mejor es coger el documento del proceso de escritura libre que has hecho antes y empezar a editarlo. En primer lugar, tacha todas las palabras o frases que no estén centradas en el objetivo final. Si te has ido por la tangente o has tocado otros temas que no tienen nada que ver con tu objetivo, táchalo inmediatamente.

A continuación, fíjate en las palabras negativas que expresan tus miedos o lo que no deseas, táchalas y vuélvelas a escribir de una forma positiva. Si has escrito: «No quiero un trabajo por el que me paguen el salario mínimo», reescríbelo expresando lo que realmente quieres: «Tengo un trabajo con un sueldo de 150 000 euros al año». Tachar las palabras y reescribirlas en esta fase es una parte muy importante del hechizo. Estás reprogramando tu cerebro para convertir el enfoque negativo en uno positivo. El hecho de tachar desmiente lo negativo y el proceso de reescritura crea un nuevo sendero positivo por el que puede fluir tu intención.

Ahora es el momento de ir al grano: coge las palabras esenciales de tu hechizo y combínalas formando frases más breves. Puedes transformar frases largas como ésta: «Cuando me pongo a ello, lo que realmente quiero es sentirme mejor, tener más energía, poder subir las escaleras sin ahogarme, sentirme bien, tener buen aspecto y estar realmente sana» en algo mucho más conciso como: «me siento sana». A veces, mis alumnos me dicen: «Pero escribir una sola frase no transmite todas las demás cosas que quiero: tener más energía, sentirme mejor, no ahogarme al subir la escalera», pero en realidad *sí* que lo transmite. Como lo escribiste en tu borrador, sabes perfectamente que la frase «me siento sana» transmite e incluye todos los detalles de cómo crees que debería ser tu salud perfecta.

A continuación, elimina lo que yo llamo «palabras enclenques» que hacen que tu hechizo resulte insípido o que tu deseo sea algo que se materializará en «el futuro», ¡sea eso cuando sea! En lugar de escribir: «Atraeré a la pareja perfecta», conviértelo en algo más contundente: «Atraigo a la pareja perfecta». En lugar de «Quiero un coche nuevo», di: «Tengo un coche nuevo», «Soy el orgulloso propietario de un flamante Mercedes» o «El coche perfecto es mío».

Una vez hayas determinado las palabras de tu petición, es hora de redactar el borrador final. Elige un papel que te transmita buenas sensaciones. Algunas personas usan papel de estraza, otras pergamino y otras un papel de colores muy sofisticado. No hay un papel más mágico o poderoso que otro; es una cuestión de preferencias personales.

Si estás empezando a hacer papeles de petición, prueba a usar distintos tipos de papel para descubrir si tienes alguna preferencia especial. Aquí tienes algunas ideas para empezar:

- Pergamino
- Papel de estraza marrón (o bolsas de papel reutilizables)
- Papel de carta
- Cartulinas de colores
- Papel para hacer origami
- Postales
- Tarjetas de felicitación
- Cartón
- Fichas
- Papel decorativo
- Fotografías
- Papel moneda (auténtico o falso)
- Papel de envolver
- Papel de fotocopiadora
- Papeles hechos a mano
- Papel de periódico (sin ningún tipo de impresión)
- Papel pintado

Si puedes elegir papeles que también refuercen tu hechizo, pues mucho mejor. Los papeles de color verde o dorado, por ejemplo, podrían utilizarse para un hechizo de prosperidad. Un papel hecho a mano con pétalos de girasol incrustados podría usarse para un hechizo de fama y reconocimiento. Un papel que tocó la persona a la que quieres atraer es ideal para un amarre amoroso.

También puedes elegir una tinta del color que refuerce tu intención o, si deseas ponerte muy elegante, tinta que haya sido infusionada con las hierbas o resinas que mejor encajan con tu intención. Un ejemplo de esto es la tinta Sangre de Dragón, la cual se elabora con resina del dragón y que lleva consigo la magia de la protección, el amor y la prosperidad.

Tipos de papeles de petición

Existen muchos tipos distintos de papeles de petición, desde los más sencillos hasta los más elaborados. Sin embargo, complejo no siempre significa mejor. Prueba varios para descubrir cuáles te inspiran más.

Papel de petición n.º 1

El papel de petición más sencillo consiste en escribir simplemente tus palabras de poder como si escribieras una nota. Ésta es mi forma favorita de petición por su sencillez y energía. Escribe en letra cursiva o de imprenta una breve declaración de intenciones en una o dos frases positivas y poderosas. ¡Eso es todo!

Papel de petición n.º 2

Escribe tu frase de poder y añade símbolos que refuercen tu intención. Por ejemplo, puedes dibujar corazones en las cuatro esquinas de un papel de petición para un hechizo amoroso o signos del dólar alrededor del papel de petición de un hechizo de prosperidad. Para inspirarte, consulta la sección de símbolos de este mismo capítulo o del apéndice V.

Papel de petición n.º 3

Escribe tus palabras de poder un determinado número de veces. El capítulo 8 te ayudará a elegir los números mágicos que mejor refuerzan tu intención. Puedes optar por una aproximación más tradicional y escribirlas tres, siete, nueve, once o trece veces. Escribe tu frase una y otra vez, una frase encima de la otra. Por ejemplo, puedes escribir: «Me han contratado para el trabajo perfecto» cuatro veces, una encima de la otra, ya que el número cuatro acentúa la estabilidad profesional a largo plazo.

Papel de petición n.º 4

Otro forma de escribir un papel de petición consiste en escribir tu declaración de poder y después girar el papel 90 grados a la derecha.

Con tu declaración original ahora en posición vertical, escribe tu nombre encima horizontalmente formando una cruz. Este método es ideal para los casos en los que el poder personal está relacionado con el tema en cuestión. Por ejemplo, en determinadas situaciones, la gente escribe el nombre de su objetivo y después gira el papel hasta que ese nombre está en posición vertical y, a continuación, escribe su propio nombre sobre el nombre de la otra persona para ejercer control sobre ella.

Ejemplos de papeles de petición

Una variante de este método consiste en escribir el tema del hechizo o el nombre del objetivo un determinado número de veces (como se describe en el ejemplo 3), girar el papel para que esas palabras queden en vertical y luego escribir tu nombre el mismo número de veces sobre el nombre de la otra persona para que parezca una cuadrícula. Éste es el método ideal para aquellos hechizos en los que deseas ejercer algún tipo de control adicional sobre una persona o situación.

Papel de petición n.º 5

Escribe las palabras con una forma que refuerce tu intención. Consulta el capítulo 9 para obtener algunas ideas sobre posibles formas. Si quisieras asegurar un compromiso de por vida, por ejemplo, podrías escribir algo así como «Juan quiere a María» varias veces formando un círculo. O, si quisieras tener una carrera profesional sólida, podrías escribir: «El ascenso es mío» cuatro veces formando los cuatro lados de un cuadrado.

Un método antiguo de escribir palabras con forma es escribir en cursiva, sin levantar la pluma del papel y enlazando el final de la última letra con el principio de la siguiente, de tal modo que las palabras formen un bucle sin fin. Aunque tradicionalmente la forma elegida es el círculo, este tipo de escritura enlazada podría adoptar cualquier forma. La clave más importante de este tipo de escritura es no poner los puntos sobre las íes ni el palito de las tes hasta después de haber unido las letras principales.

Papel de petición n.º 6

Uno de mis papeles de petición favoritos es el que denomino Magia 21, el cual no es más que una lista de las veintiuna cualidades del trabajo/pareja/relación/casa/lo que sea perfectos. Escribir una lista de veintiún elementos añade una capa compleja de numerología que crea poderosas manifestaciones y la materialización de nuestros mayores sueños y deseos. Enumera las 21 cualidades principales de aquello que deseas sin mencionar específicamente a la persona, cargo, lugar de trabajo, dirección, etc.

Colocación del papel de petición

Una vez hayas escrito tu papel de petición, es posible que tengas que doblarlo para que quepa debajo del portavelas o bandeja. Si el objetivo de tu hechizo es atraer algo, dobla el papel hacia ti. Si tienes que doblarlo una segunda vez, gíralo en el sentido de las agujas del reloj y vuelve a doblarlo hacia ti. Si el objetivo es el de disipar, eliminar o reducir algo, dobla el papel hacia el exterior y en el sentido contrario a las agujas del reloj.

Una vez doblado, colócalo debajo del plato, bandeja o portavelas. A algunas personas les gusta colocar los papeles de petición entre la vela y el portavelas o bandeja. En realidad, esto no aporta ningún beneficio y no es el método más seguro porque el papel puede quemarse. Colocar el papel lejos de la llama es más seguro y confiere el mismo poder que colocarlo pegado a la vela.

Recitar los conjuros

Escribir las palabras de tu conjuro en un papel de petición es el método ideal para enfocar tu hechizo e intención, pero pronunciar esas palabras en voz alta añade una capa de compromiso al resultado final. Al hacer un hechizo con velas, es natural sentir la necesidad de decir algo al encender la vela, pues deseamos reafirmar nuestra intención en el momento de lanzarlo.

Un conjuro sencillo

Hay diferentes formas de pronunciar las palabras de tu hechizo. La más fácil consiste simplemente en repetir las palabras que has escrito en tu papel de petición. Si has escrito: «Tengo un coche nuevo precioso», puedes pronunciar esas mismas palabras mientras enciendes la vela. La clave está en decirlas con fuerza. No digas: «¿Tengo un coche nuevo?», con timidez y un temblor inseguro en la voz. En su lugar, di con energía y fuerza: «¡TENGO un coche nuevo!». No es necesario que grites; un susurro puede llegar a ser poderoso si ponemos en ello toda nuestra convicción. Dilo como si te lo creyeras. Actúa como si ya tuvieras el coche y se lo estuvieras contando a alguien con entusiasmo.

Un conjuro improvisado

La segunda forma consiste en improvisar, afirmar tu intención con las palabras que te surjan de forma natural. Por ejemplo, podrías decir algo así como: «Las puertas del Universo se abren ante mí y el coche nuevo perfecto viene a mí sin esfuerzo. Tengo un coche nuevo que me encanta conducir y en el que me siento segura. Puedo pagar este coche sin problemas». Utilizando este estilo de flujo de escritura consciente, puedes incluir cualquier sentimiento positivo que tengas sobre el coche en cuestión y sobre el proceso por el que ha llegado hasta ti.

Un conjuro que rime

La tercera forma de crear palabras para tu conjuro recitado es inventar pareados que rimen. Para este método, necesitarás un par de hojas de papel, una para el borrador y otro para la versión final.

En el borrador, escribe varias palabras clave relacionadas con tu hechizo. Si te cuesta encontrarlas, puedes recurrir al texto que escribiste mediante el método de escritura libre o a tu papel de petición, aunque también podrías sacarte de la chistera un nuevo conjunto de palabras clave relacionadas con tu hechizo. Por ejemplo, puedes escribir las siguientes palabras: coche, nuevo, ruedas, carretera, viajar, seguro, cómodo, raudo, lujoso, etc.

El siguiente paso consiste en coger algunas de estas palabras y encontrarles una rima (si te atascas, puedes consultar un diccionario de rimas en Internet). Así, para «coche», las palabras que riman son noche, broche, reproche, fantoche, desabroche, moche, soroche y poche. Para «carretera» podríamos utilizar las palabras era, comiera, primera, abriera, leyera y valiera. Para «raudo», encontramos aplaudo, defraudo, laudo, jaudo, recaudo.

Una vez que tengas las rimas para tus palabras clave, elige las que tengan más sentido y que fluyan mejor con la energía de tu hechizo y crea un pareado que tenga un ritmo agradable.

Conozco el conjuro, conozco la ley primera
Que me llevará por la despejada carretera
Los días de mi viejo coche han acabado y yo lo aplaudo
Pues mi coche nuevo es más seguro y raudo
La diosa me dará un nuevo coche
Que me llevará lejos sin ningún reproche

No es necesario que el conjuro tenga el nivel poético de William Shakespeare; al fin y al cabo, sólo vas a escucharlo tú. Ahora bien, recitar las palabras clave de tu hechizo en pareados rimados es una forma divertida y que le da a tu hechizo una atmósfera de brujería muy interesante.

Tres potenciadores para tus conjuros

Una vez que tengas tus palabras perfectamente redactadas con todo su poder, te recomiendo que le agregues a tu hechizo la salsa secreta: tres frases que puedes agregar a tu conjuro para aumentar su poder.

La primera es añadir «... o algo aún mejor» a tu intención. Por ejemplo: «Hago un disco que llega a platino o algo aún mejor». Esta frase es perfecta para lanzar el hechizo porque otorga la posibilidad de que el resultado final sea aún mejor que el que has imaginado, como que tu disco sea triple platino.

La segunda consiste en incluir la frase «el resultado ideal en el momento ideal». Al añadir esto a tu conjuro, estás abriendo tu hechizo para recibir las cosas en el momento adecuado, ni demasiado pronto, ni demasiado tarde. También me parece que repetir esta frase, incluso después de que el hechizo haya terminado, puede ayudar a calmarte cuando te sientes muy impaciente o preocupado de que las cosas no avancen.

La tercera frase es un poco más compleja, pero te permitirá fluir hacia el resultado que realmente necesitas: «una puerta cerrada es tan buena como una puerta abierta». Lo que significa que, si estás intentando conseguir algo y eso no llega, *siempre* hay otras opciones. Te sentirás mucho más tranquilo sabiendo que la primera opción (la que no se ha producido) no es tan buena como la segunda, tercera, cuarta o quinta opción.

Cuando pienses en tu objetivo, imagina que es como si el Universo te organizara una fiesta asombrosa. A ella asistirán todas las personas que más te gustan, y la música será increíble, habrá comida y bebida deliciosa y se celebrará en el ático de un hotel de lujo (¡así no tendrás que limpiar después!). El problema es que te han dado la llave, pero no sabes en qué habitación será. Tu trabajo consiste en probar todas las puertas del ático hasta dar con una que se abra. Las puertas cerradas no te impiden llegar a la fiesta; todo lo contrario, esas puertas cerradas sólo te están diciendo: «tu fiesta no es en esta habitación». No es nada personal y, además, tampoco te estás perdiendo nada que merezca la pena detrás de esas otras puertas.

Este tipo de percepción resulta muy útil en aquellas situaciones en las que intentas resolver algo que tiene muchas opciones posibles, algo que, a decir verdad, puede aplicarse a prácticamente todo lo que intentamos en la vida. Si buscas a la pareja perfecta, el trabajo ideal, un nuevo piso, etc., probablemente te encontrarás puertas cerradas en el camino. La frase «una puerta cerrada es tan buena como una puerta abierta» puede ayudarte a no quedarte atascado frente a las puertas cerradas. Siguiendo con la analogía de la fiesta, si probaras la llave y la puerta no se abriera, simplemente seguirías adelante, no intentarías echarla abajo con un ariete ni te derrumbarías y sollozarías delante de ella.

Es posible que te sientas mal momentáneamente porque no hayas conseguido el trabajo «ideal» o porque ese tío tan bueno no esté interesado en ti, pero la clave está en volver a levantarse, ser consciente de que el futuro te depara algo aún mejor y no tomártelo como algo personal.

Las tres frases complementarias que acabamos de ver harán que te mantengas en tu más alta vibración mágica. Te ayudarán a que siempre estés abierta a mejores opciones, te ayudarán a confiar en la elección del momento oportuno y te recordarán que siempre hay otras opciones posibles (y quizá incluso mejores).

Símbolos, sellos y sigilos

Las ideas no tienen por qué expresarse necesariamente con palabras. Los símbolos, sellos y sigilos son formas hermosas, personales y, a veces, secretas de establecer el foco de atención de tu hechizo para expresar la intención mágica sin palabras. Aunque existen ligeras diferencias entre unos y otros, lo que tienen en común los tres es que la intención del hechizo es representada mediante imágenes en lugar de palabras.

Los símbolos, sellos o sigilos pueden dibujarse en un papel de petición, grabarse en la cera de una vela o dibujarse en el lateral de un portavelas de vidrio con un rotulador permanente.

Símbolos

Los símbolos son imágenes que representan un concepto. Los símbolos pueden escribirse en un papel de petición o un papel de petición puede recortarse para que adopte la forma de un símbolo. También pueden grabarse en la superficie de una vela, estamparse con lacre para hacer un talismán y colocarlo junto a una vela o incorporarlos a un diseño de hechizo (para más información sobre patrones, *véase* el capítulo 9). También se pueden dibujar en un portavelas de vidrio con un rotulador acrílico o permanente (los rotuladores acrílicos son permanentes y los permanentes se pueden borrar... ¡vaya lío!).

Ejemplos de símbolos, sellos y sigilos

Ejemplos de símbolos

- Símbolos seculares (corazones, estrellas, signos de dólar, etc.)
- Símbolos religiosos (la Triple Diosa, el veve del vudú, la cruz cristiana, la estrella de David, etc.)
- Runas y runas ligadas
- Jeroglíficos egipcios
- Símbolos alquímicos
- Símbolos planetarios
- Símbolos zodiacales

Sellos

Los sellos son diseños mágicos ceremoniales que llevan utilizándose durante siglos para invocar espíritus o asegurar determinados resultados. Incorpora sellos a tus hechizos comprando sellos impresos en papel vegetal, copiándolos de un libro o imprimiéndolos de Internet. Dicho esto, el método más poderoso de trabajar con estos talismanes mágicos es copiarlos a mano.

En los últimos años, los sellos suelen imprimirse en papel vegetal (un papel semitranslúcido parecido al pergamino o la vitela de piel de oveja), de modo que, si vas a imprimirlos o hacerlos a mano, puedes seguir esta tradición o trabajar según las recomendaciones de la fuente que estés utilizando.

Ejemplos de sellos

- Sellos de Salomón
- Sellos de Moisés
- Cuadrados mágicos de Abramelín
- Sellos planetarios
- Sellos de ángeles
- El Sigillum Dei Aemeth de John Dee

Sigilos

Los sigilos son una representación mágica y simbólica personal de aquello que se desea obtener con el hechizo. Normalmente los elabora la persona que hace el hechizo mediante la fusión de letras (o, a veces, imágenes) en un diseño personal, aunque es posible utilizar sigilos que otras personas han creado para fines genéricos.

Para hacer un sigilo, escribe tu intención en una frase. Tacha todas las vocales y, a continuación, tacha las consonantes duplicadas hasta que sólo quede una consonante de cada. Con las letras restantes, combínalas estilísticamente para crear un símbolo.

4

Personaliza tus velas

Cuando piensas en la magia con velas, probablemente pienses en coger una vela y prepararla o alterarla mágicamente de cierto modo antes de encenderla para el hechizo. Los siguientes capítulos tratan precisamente de eso.

Una de las mejores cosas que tiene la magia con velas es que puede ser tan sencilla o tan elaborada como tú quieras: puedes añadir sólo una o dos cosas o puedes hacer que tu hechizo tenga diversas capas y matices. Hay muchísimas cosas que puedes añadir a tu hechizo, y muchísimas cosas distintas que puedes hacer para agregarle más poder.

Si estás empezando, no caigas en la trampa de pensar que tienes que incluir todos los elementos que se mencionan a continuación o que un hechizo complicado es más eficaz que uno sencillo. Lo que sigue son simplemente opciones para que experimentes, pruebes y explores.

Te mostraré todas las formas en que puedes agregar energía y magia a una vela antes de encenderla. Adapta las instrucciones de los capítulos siguientes a tus necesidades: síguelas al pie de la letra o sáltate algunos pasos. Tú decides.

Aderezar una vela con aceite

Cuando estés lista para añadir algo de poder extra a tu magia con velas, puedes empezar añadiendo un poco de aceite de hierbas a tus hechizos. Las hierbas y los aceites esenciales son sólo dos de las herramientas que he bautizado con el nombre de «aliados mágicos». Cualquier cosa que añadimos a nuestro hechizo para alinearlo más con nuestra intención (colores, números, ritmos, papeles de intención y, por supuesto, hierbas y aceites esenciales) nos ayudará a mantener nuestra intención activa, incluso en los momentos en que nosotros mismos tengamos dudas.

A veces, al empezar a preparar un hechizo, tenemos una intención clara sobre lo que queremos, por ejemplo, «Estoy sana» o «Tengo un maravilloso nuevo amor en mi vida». Salimos por la puerta con una intención fuerte y positiva, pero entonces nuestro ego o, a veces, amigos o familiares bien intencionados nos arruinan el día. Entonces aparecen una serie de comentarios «útiles» (aunque, en realidad, no nos ayudan en nada), como «¿Y si tu enfermedad es incurable?», «Soy demasiado mayor para encontrar el amor», que nacen del miedo.

Este vaivén de intenciones nos impide avanzar por el camino más directo y rápido para alcanzar nuestros objetivos. Es como si dieras un paso adelante («Puedo tener esto que es bueno») y luego un paso atrás («No me es posible tener esto que es bueno»). Uno de los principios de la magia reza «como es arriba, es abajo», que puede interpretarse como «si puedes imaginar algo, puedes manifestarlo». Si tu imaginación no está bien enfocada, vacila o está descentrada, ralentiza la manifestación, del mismo modo que conducir por toda la ciudad hará que llegues tarde a tu destino.

Cuando invitamos a nuestros aliados mágicos, como las hierbas y los aceites, la diferencia es como llegar solo a una fiesta donde no conoces a nadie o llegar a la misma fiesta con un séquito de amigos. Incluso si estás preocupado o no tienes la confianza necesaria en tu intención, tus aliados mantendrán activa la energía del hechizo e incluso pueden darle un impulso de confianza a tu trabajo espiritual.

Las hierbas y los aceites esenciales forman un excelente equipo que puedes añadir a tu séquito mágico. Las plantas tienen energías y vibraciones que pueden reforzar tus intenciones. Desde los albores de la historia escrita, encontramos registros que dan testimonio del uso de hierbas con fines medicinales y mágicos. Mediante el método de ensayo y error, nuestros antepasados remotos descubrieron qué plantas eran más útiles para determinados fines mágicos, y hoy en día tenemos a nuestra disposición libros enteros dedicados a los usos de las hierbas y aceites mágicos. Toda persona que practica la magia debería tener al menos uno de estos libros en su biblioteca (en la bibliografía encontrarás algunos de los mejores). Para una consulta rápida, en el apéndice I dispones de una lista de las hierbas y aceites esenciales más útiles y fáciles de encontrar y sus propiedades mágicas.

El primer paso consiste en aplicar del aceite a la vela. El proceso de aplicación del aceite es una excelente oportunidad para transmitir todos tus deseos, intenciones y energía a la vela antes de encenderla. Una vez hecho esto, puedes optar por dejarlo ahí o puedes adherir hierbas a la vela o espolvorearlas a su alrededor. Puedes usar un aceite espiritual elaborado por otra persona o crear el tuyo propio. Si compras un aceite preparado, te recomiendo que utilices uno que no sea una mera fragancia. Asegúrate de que contiene aceites esenciales. ¿Cómo distinguirlos? Compra un aceite de un fabricante de confianza que indique en los ingredientes al menos algunos de los aceites esenciales que contiene. Los aceites de alta calidad suelen ser más caros que los elaborados con fragancias baratas, por lo que a veces (aunque no siempre) el precio puede ser un buen indicador de su calidad. Además, si ves trocitos de hierbas, raíces o flores en el interior del frasco y el aceite tiene fragancia, es muy probable que también contenga aceites esenciales.

Las fragancias artificiales siguen siendo mágicas, por lo que no van a perjudicar tu hechizo. En general, *cualquier* cosa puede ser imbuida o marcada con tu intención. Lo que los aceites esenciales y las hierbas (así como las gemas, conchas y cualquier otro objeto natural) aportan a tu magia es el espíritu servicial de la naturaleza. Aunque puedes coger una fragancia artificial de pachulí e impregnarla con la intención del amor, usar el componente auténtico incorpora el beneficio del poder del pachulí para atraer un amor profundamente apasionado. Imagina las fragancias como robots que puedes programar y los artefactos naturales como seres vivos que tienen un espíritu servicial y una personalidad propia.

Siempre que trabajes con aceites esenciales, dilúyelos antes de usarlos sobre la piel o en una vela. Algunos aceites esenciales son inflamables, y la mayoría irritan la piel en su forma concentrada. Diluye los aceites esenciales en un aceite base como, por ejemplo, el de almendras dulces, jojoba o albaricoque en una proporción de unas diez partes de aceite base por una parte (o menos) de aceite esencial. Un poco da para mucho.

Es muy divertido crear tu propia mezcla de aceites esenciales, además de ser otra forma de personalizar tus hechizos. Al crear tu propia mezcla de aceites, puedes controlar lo que contiene, la calidad de los productos e infundir tus propias intenciones a la mezcla mientras la haces. Para tu primer aceite espiritual, te recomiendo que no te compliques la vida: usa sólo uno o dos aceites esenciales y un par de hierbas secas. A medida que adquieras más experiencia podrás experimentar creando mezclas más complejas.

Aunque estés elaborando un aceite muy sencillo con pocos ingredientes, anota siempre tus recetas con precisión a medida que realizas la mezcla. Un grimorio o libro de hechizos personal que contenga tus recetas para futuras consultas es el lugar ideal para guardar toda esta información (consulta el capítulo 14 para aprender más cosas sobre cómo anotar tus hechizos en un grimorio). No hay nada más frustrante que preparar un maravilloso aceite que consiga todos tus objetivos mágicos y, después, ser incapaz de reproducirlo porque has olvidado los ingredientes.

Receta para un aceite espiritual básico

NECESITARÁS

Aceites esenciales con cuentagotas o dosificador

Aceite base, por ejemplo, aceite de almendras dulces, de jojoba o de albaricoque

Aceite de vitamina E

Hierbas, raíces y flores secas complementarias

Frasco de color oscuro de 30 ml para mezclar y administrar el aceite

Un grimorio para anotar la receta

1. Determina el tipo de hechizo para el que vas a utilizar el aceite (de amor, dinero, protección, etc.) y reúne hierbas y aceites esenciales que lo potencien. Añade una pequeña cantidad de hierbas secas al frasco.
2. A continuación, añade unas gotas del aceite esencial que has elegido. Puedes añadir hasta un 10 % (aproximadamente, una décima parte del frasco antes de llenarlo) o unas pocas gotas. Menos aceite esencial no significa menos poder.

3. Añade una gota de aceite de vitamina E para evitar que los demás aceites se pongan rancios.
4. Llena el resto del frasco con el aceite base.
5. Tapa y agita para que se mezcle todo bien. Mientras lo agitas, puedes decir en voz alta lo que quieres que el aceite consiga a través de la magia. Yo suelo recitarlo como una afirmación o canto.
6. A medida que el aceite vaya envejeciendo durante las siguientes semanas, empezará a macerar (mezclarse) y a desprender un olor más complejo y armonioso.

Tanto si utilizas un aceite preparado por otra persona como si has creado el tuyo propio, ahora dispones de una herramienta que puede añadir poder y matices a tus hechizos. Aplicar aceite a una vela se llama «aderezarla», un proceso muy sencillo que refuerza tu hechizo proporcionándole un mayor enfoque y dirección.

Existen diversas formas de aplicar el aceite a una vela. Algunas personas lo hacen desde el centro hacia los extremos, otras aseguran que hay que sostener la vela horizontalmente, con la mecha apuntando hacia fuera, y aplicar el aceite hacia nosotros para las cosas que queremos atraer y hacia fuera para las cosas que queremos alejar de nosotros. Todas éstas son formas correctas de aderezar una vela, pero la forma que yo enseño consiste en sostener la vela verticalmente y aplicar el aceite hacia arriba, desde la base hasta la mecha, para las cosas que quieres atraer a tu vida, y hacia abajo, desde la mecha hacia la base, para las cosas que deseas expulsar. Prueba distintos métodos, anótalos en tu grimorio y quédate con el que obtengas mejores resultados y que intuitivamente te resulte más adecuado.

Mientras aplicas el aceite, sostén la vela entre las manos y siente cómo tu energía penetra en ella. Visualiza tu objetivo cumplido y di en voz en alta qué te gustaría conseguir con el hechizo. Éste es el momento perfecto para cargar la vela con todos tus deseos, intenciones y energía.

Una vela sólo necesita ser aderezada una sola vez, antes de encenderla por primera vez. No es necesario que la adereces ni le añadas aceite todos los días; de hecho, añadir demasiado aceite puede generar un exceso de humo u otros problemas.

Una vez aderezada, puedes aplicar el aceite restante con las manos sobre tu cuerpo del mismo modo que has hecho con la vela: en dirección ascendente (desde los pies hacia la cabeza, desde la punta de los dedos hacia los hombros) para atraer algo hacia ti y en dirección descendente (de la cabeza hacia los pies, de los hombros hacia la punta de los dedos) para alejarlo de ti.

Hechizo con vela y aceite

NECESITARÁS

Una vela que se sostenga sola
Una bandeja, un plato o un portavelas
Aceite espiritual preparado
Cerillas o encendedor

1. Vierte unas cuantas gotas de aceite espiritual en una de tus manos.
2. Frótate las manos mientras te concentras en la intención de tu hechizo.
3. Mientras sostienes la vela delante de ti, visualiza el objetivo deseado y aplica el aceite a los lados de la vela al tiempo que expresas tu intención en voz alta.
4. Coloca la vela en el portavelas o déjala sobre la bandeja o plato.
5. Si colocas la vela en una bandeja o plato, calienta la cera de la base de la vela con ayuda de una cerilla. Presiónala sobre la bandeja para que se mantenga erguida y no se caiga.
6. Vuelve a recitar en voz alta las palabras de tu conjuro mientras enciendes la vela.

7. Si el aceite que has usado tenía la intención de crear algo positivo para ti, ya sea atrayendo algo deseado o alejando algo no deseado, puedes añadir un vínculo extra con tu hechizo aplicando el aceite restante sobre tu piel.
8. Quema la vela mientras estés en casa y despierta. Si sales de casa o te vas a dormir, apaga la vela y vuelve a encenderla cuando puedas vigilarla.
9. Si la vela arde durante más de un día, puedes aplicarte unas cuantas gotas de aceite más en el cuerpo durante esos días. Puedes hacer esto antes o después de encender la vela para convertirlo en un pequeño ritual.

Aderezar una vela con hierbas

Una vez sepas aderezar una vela con aceite, puedes empezar a añadir hierbas a la mezcla. Cada uno de estos elementos añade nuevos matices y otro nivel de personalización a tu hechizo. Si estás haciendo un hechizo de amor, podrías empezar con un sensual aceite de pachulí, y si también deseas incorporar un elemento de compromiso y amor verdadero, puedes añadir pétalos de rosas rojas a la mezcla. La adición de estas flores le dará a tu hechizo más profundidad, reforzando las opciones de obtener el resultado deseado.

Existen diversas formas de añadir la energía de otras hierbas a tu hechizo: crear una mezcla de aceites (por ejemplo, mezclando aceite de pachulí con aceite de rosas), añadir hierbas a tus aceites (creando un aceite de pachulí con pétalos de rosa en el frasco de aceite), aderezar la vela con aceite y esparcir hierbas alrededor de la vela (aderezando la vela con una mezcla de aceite de pachulí y esparciendo pétalos de rosa alrededor de la vela) o aderezar la vela con aceite y esparcir hierbas secas a los lados o en la parte superior de la vela (aceite de pachulí en la vela y pétalos de rosa desmenuzados en la parte superior o lateral de la vela).

Aquí debemos tener en cuenta algunos detalles importantes: las raíces leñosas y fibrosas, la corteza y las hierbas pesadas y gruesas son más adecuadas para usarlas como ingrediente adicional de un aceite o para disponerlas alrededor de una vela. Los aceites son lo suficientemente pegajosos como para que las hierbas en polvo, las hojas desmenuzadas y los pétalos se adhieran a la vela, pero no para soportar el peso de raíces, cortezas y trozos de madera pesados y gruesos. No se puede ir en contra de la ley de la gravedad.

Además, un poco da para mucho. Recuerda que las hierbas son inflamables. Una pizca de hierba es más que suficiente para potenciar tu magia; será más económico y, aún más importante, no se incendiará tan fácilmente.

Un último apunte importante respecto al uso de hierbas y aceites. De las más de 300 000 especies de plantas que existen en el mundo, sólo un puñado de ellas están documentadas en los libros de magia. Sin embargo, *todas* las plantas son mágicas. Si decides que te gustaría interactuar de un modo más directo con las hierbas, prueba a pasar tiempo en la naturaleza o en un jardín. Conecta con las plantas y los árboles que te rodean. Consulta una guía de la naturaleza e identifícalas. Observa la propia planta. Tócala y huélela (a menos que sea venenosa). Pasa tiempo con las plantas y los árboles, escucha lo que tienen que enseñarte. Puede que descubras nuevos usos mágicos de las plantas de tu jardín.

Hechizo con vela, aceite y hierbas

NECESITARÁS

Vela que se sostenga sola
Una bandeja, un plato o un portavelas
Aceite espiritual preparado
Hierbas en polvo o hebras
Hierbas leñosas y gruesas
Cerillas o encendedor

1. Vierte unas cuantas gotas de aceite espiritual en una de tus manos.
2. Frótate las manos mientras te concentras en la intención de tu hechizo.
3. Mientras sostienes la vela delante de ti, visualiza el objetivo deseado y aplica el aceite a los lados de la vela al tiempo que expresas tu intención en voz alta.
4. Si el aceite que has usado tenía la intención de crear algo positivo para ti, ya sea atrayendo algo deseado o alejando algo no deseado, puedes añadir un vínculo extra con tu hechizo aplicando el aceite restante con las manos sobre tu piel.
5. Espolvorea las hierbas en polvo o los trocitos de hojas por los lados o por encima de la vela mientras pronuncias tu conjuro o intención.
6. Coloca la vela en el portavelas o fíjala a una bandeja o plato.
7. Reparte las hierbas más gruesas y pesadas alrededor de la base de la vela mientras recitas el conjuro en voz alta.
8. Recita tu deseo o intención en voz alta por tercera vez mientras enciendes la vela.
9. Enciende la vela mientras estés en casa y despierta. Si sales de casa o te vas a dormir, apágala y vuelve a encenderla cuando puedas vigilarla.
10. Si la vela arde durante más de un día, puedes aplicarte unas cuantas gotas de aceite más en el cuerpo durante esos días. Puedes hacer esto antes o después de encender la vela para convertirlo en un pequeño ritual.

Grabar y decorar velas

Grabar velas es otra forma de añadir energía extra a tu hechizo. La cera es un material blando, por lo que no es muy difícil tallar palabras de poder o símbolos en la superficie de una vela de pilar, en la base o el lateral de una vela figurativa o en la parte superior de un velón para personalizar y potenciar tu magia.

Cualquier cosa que tenga punta puede usarse para grabar en la cera. En caso de apuro, he llegado a utilizar incluso un bolígrafo o un lápiz romo. Sin embargo, existen muchas otras opciones y algunas herramientas que son mejores que otras para grabar en la cera. Si utilizas una herramienta específicamente mágica para llevar a cabo esta tarea, conseguirás insuflar algo más de poder a tu hechizo. Los clavos también son una buena alternativa y, además, puedes elegir un metal que esté en concordancia con tu intención. Por ejemplo, los clavos de latón dorado pueden usarse para hechizos de prosperidad y sanación; los de cobre para los hechizos de amor y de transferencia de energía; los de hierro, para los de conexión con la tierra, protección y manifestación, y los de níquel para los de resolución de problemas, justicia y empoderamiento. Si te gusta trabajar con espíritus de personas fallecidas, puedes utilizar un «clavo de ataúd» de hierro forjado para pedir ayuda a los espíritus.

Al grabar palabras en una vela, es recomendable estar concentrado e ir al grano; usa palabras clave y afirmaciones breves. Guarda las frases más largas e historias para los conjuros recitados o los papeles de petición.

Grabar horizontalmente palabras en la vela

Sostener la vela verticalmente y grabar horizontalmente aporta estabilidad y equilibrio al hechizo, además de ser una afirmación audaz. Utiliza la escritura horizontal cuando hagas un hechizo para obtener energía relajante, mantener el *statu quo* y aferrarte a lo que ya tienes. Cuando conectes una vela figurativa con forma humana a una persona en concreto para propiciar magia simpática, grabar horizontalmente el nombre de esa persona en la base de la vela (justo debajo de los pies) hará que la vela se conecte al individuo. Algunas personas prefieren escribir el nombre completo, otras el nombre de pila o un apodo. Según mi experiencia, cualquiera de los dos métodos funciona para conectar energéticamente la vela a la persona, ya que la persona que está lanzando el conjuro sabe quién es el objetivo. Si no sabes quién es tu objetivo (por ejemplo, una futura pareja que aún no conoces o un enemigo desconocido), puedes escribir algo que lo indique, como «Mi verdadero amor» o «Mis enemigos».

Grabar verticalmente palabras en una vela

Grabar una vela verticalmente enfatiza el movimiento y el cambio. Es el método ideal para los hechizos directos que tienen que ver con la dimensión material y que buscan resultados inmediatos. Escribe en línea recta desde la base hasta la mecha para las todas cosas que quieras atraer o hacia abajo, desde la mecha a la base, para las cosas que desees limpiar o eliminar.

Grabar palabras alrededor de una vela

Graba alrededor de la vela en espiral, como las líneas de un bastón de caramelo. Escribir en espiral alrededor de la vela es positivo para los hechizos complejos, intenciones espirituales, cosas que tienen que «solidificarse» correctamente o tareas que requieren la coordinación de distintas partes móviles. Graba las palabras en espiral alrededor de la vela subiendo desde la base hacia la mecha para las cosas que quieras atraer o bajando desde la mecha hacia la base si se trata de algo que deseas eliminar.

Grabar palabras al revés

La escritura inversa, también llamada «escritura especular», se utiliza en hechizos inversos para enviar la negatividad de vuelta a su fuente. En esta forma de escritura, las palabras se escriben al revés, pero pueden leerse perfectamente al colocarlas frente a un espejo. Es un poco más difícil de lo que parece. Antes de grabar la vela, te recomiendo que practiques escribiendo las palabras de tu hechizo al revés en una hoja de papel y después léelo frente a un espejo para ver si debes corregir algo. Una vez que lo hayas escrito correctamente en el papel, utiliza ese mismo papel como guía y copia las letras en la superficie de la vela. Por

Velas de pilar grabadas

lo general, querrás grabar tus palabras especulares desde la mecha hasta la base, en línea recta o en espiral, para eliminar la negatividad.

Grabar símbolos con una gubia para linograbado

Los clavos y los buriles hacen líneas finas que son apropiadas para tallar palabras en la cera, pero si deseas tallar una línea más profunda y gruesa para un símbolo o sigilo, las gubias para linograbado funcionan de maravilla. Te recomiendo que utilices las gubias Speedball U y V, ya que son más seguras que las anticuadas cuchillas para linóleo, por lo que será menos probable que te cortes. Las gubias U y V se llaman así porque, cuando se miran de frente, la hoja tiene o bien forma de «U», para trazar un surco redondeado, o bien forma de «V», para trazar un surco profundo con lados rectos.

También puedes utilizar el extremo de gubia de una herramienta para velas para hacer estos surcos más profundos y anchos. Vierte aceite en los surcos y, después, aplica sobre ellos purpurina o hierbas para decorar tus símbolos y sigilos y para que destaquen sobre la vela.

Símbolos superpuestos de cera de abejas

Otra forma maravillosa de decorar y añadir energía simbólica a tu vela antes de empezar el hechizo es añadir símbolos de cera a la superficie de la vela. Puedes usar un trozo de cera de abejas de un color diferente al del color de la vela para que el símbolo destaque. Ablanda la cera con el calor de tus manos o con un secador de pelo a temperatura moderada y moldea las formas simbólicas. Presiona la forma de cera caliente sobre la superficie de la vela.

Existen varios métodos para moldear formas. Puedes hacer una forma sencilla, como un corazón, simplemente amasando la cera con los dedos. También puedes formar unos «rollitos» largos y finos que después puedes adherir a la vela para crear relieves o escribir palabras. También puedes derretir, prensar o enrollar cera en finas láminas y utilizar un cuchillo o un pequeño cortapastas para crear formas sólidas, como corazones o estrellas, y después adherirlas suavemente a la cera de tu vela para añadir magia simbólica adicional. Para los más mañosos, también se pueden hacer elementos escultóricos tridimensionales como rosas, corazones hinchados, pequeñas calaveras o lo que requiera tu hechizo. Basta con ablandar la cera, moldear la miniescultura y presionarla con suavidad a la superficie de la vela. Si necesitas ayuda para pegarla, usa un secador de pelo a baja potencia para calentar un trocito de cera de abejas y adherirlo entre la vela y el diseño superpuesto.

Sea cual sea el método que decidas utilizar, elige colores que añadan elementos sutiles adicionales a tu hechizo. Por ejemplo, podrías preparar una vela rosa para un hechizo de amor romántico centrado en el corazón y pegar corazones rojos a los lados de la vela para añadir un elemento de pasión y chispa a la relación. ¿Quieres añadir más elementos a tu símbolo? Mezcla una pizca de hierbas en polvo con la cera mientras la ablandas para añadirle la energía y el poder de la hierba.

Cargar una vela

Cargar una vela es una técnica que se emplea para personalizar una vela con hierbas, papeles de petición u objetos personales (como un mechón de pelo o un trozo de uña) al tiempo que se mantiene en secreto el objetivo mágico del hechizo. En lugar de poner hierbas en el exterior, éstas se colocan en el interior. Al añadir los refuerzos mágicos en el interior de la vela, conseguimos que el observador casual sólo vea un objeto decorativo más, cuando en realidad la vela está cargada secretamente con la energía de los elementos que la componen.

A veces merece la pena hacer el esfuerzo de preparar una vela de esta manera. Si quieres que los demás no descubran tu actividad mágica, una vela cargada es la solución para mantener tus hechizos en secreto. Si tienes previsto trasladar una vela a otro lugar, cargarla evitará que se pierdan hierbas de la bandeja o que caigan de la vela. Si vas a regalarle una vela preparada a otra persona y no quieres que sepa que lo está, cargar la vela y después colocarla en un portavelas o en un recipiente de vidrio puede evitar que la persona descubra tu trabajo.

Si quieres cargar una vela, primero elige una vela que pueda sostenerse sola y lo suficientemente ancha como para que puedas practicar un orificio en ella al menos del tamaño de la punta de tu dedo pulgar. Las velas cónicas son demasiado delgadas y se romperían, por lo que lo ideal es una vela de pilar ancha o una vela figurativa con una base ancha..

Hechizo con una vela cargada

NECESITARÁS

Una vela ancha y que se sostenga sola
Hierbas en trocitos
Una bandeja o un plato
Un cuchillo afilado
Un secador de pelo
Encendedor o cerillas
Trocitos de gemas (opcional)
Un papel de petición pequeño (opcional)
Pequeños talismanes o amuletos (opcional)
Materia personal (opcional) (Para más información sobre materia personal, *véase* la sección sobre endulzamientos con miel en el capítulo 10)

1. Antes de empezar, reúne todos los elementos con los que vas a cargar la vela. Menos es más. Sólo necesitas una pequeña cantidad de hierbas y otros productos. En total, el material reunido tiene que caberte en la punta del dedo pulgar.

2. Con el cuchillo (o una herramienta para velas), practica un orificio en la base de la vela. Guarda la cera que vayas extrayendo.
3. Coloca hierbas y cualquier otro elemento en el interior del orificio.
4. Cubre las hierbas con los trozos de cera que has extraído previamente presionando firmemente tanto la cera como las hierbas en el agujero. La cera debe cubrir completamente las hierbas y sobrepasar ligeramente el nivel de la base de la vela.
5. Enciende la cerilla o el encendedor o utiliza un secador de pelo a alta temperatura. Calienta la cera y presiónala con el borde de un cuchillo para sellar las hierbas. Aplana la cera hasta que quede al mismo nivel que la base y el orificio sea indetectable.
6. Mientras sostienes la vela, visualiza tus intenciones, transfiere tu energía a la vela y pronuncia las palabras de tu conjuro.
7. Vuelve a recitar el conjuro en voz alta mientras enciendes la vela.
8. Quema la vela mientras estés en casa y despierta. Si sales de casa o te vas a dormir, apágala vela y vuelve a encenderla cuando puedas vigilarla.

5
Planifica tu hechizo

Tras haber descubierto algunas de las opciones mágicas disponibles en los capítulos anteriores, ahora ya puedes decidir qué tipo de vela sirve mejor a tu propósito. Aunque, en realidad, se puede utilizar cualquier vela, incluso una vela de cumpleaños, la hechicería es un arte, y como tal, es mucho más sencillo crear lo que visualizas en tu cabeza si utilizas las herramientas adecuadas.

A lo largo de los años he utilizado miles de velas, y el amor que sentía por la magia con velas me llevó a empezar a hacer mis propias velas para poder transferirles todo mi cariño y amor. Quería usar herramientas que tuvieran poder y que estuvieran diseñadas para alinearse con la magia que deseaba llevar a cabo. Fui testigo de la diferencia en el poder de mis hechizos cuando los hacía con una vela «hecha por una bruja» en lugar de una vela prefabricada. Cuando trabajas con herramientas cargadas de energía, puedes darles a tus hechizos un increíble impulso de poder.

También me he encontrado en situaciones apuradas donde lo único que tenía a mano era una vela de té barata. Aunque puede que no tuviera la energía de una vela hecha a mano, sigo creyendo que es mejor hacer un hechizo con *cualquier* elemento que tengamos a mano que no hacerlo.

Hay muchas cosas a tener en cuenta antes de elegir una vela para tu hechizo. «¿Para qué estoy haciendo el hechizo?» es sólo el comienzo. Antes de empezar, te recomiendo que te sientes con una hoja de papel, tu diario o grimorio y traces la estrategia para tu hechizo (consulta el capítulo 14 para aprender más cosas sobre la creación de un grimorio). Dedicar algo de tiempo a reflexionar sobre estas cuestiones y tomar decisiones bien pensadas potenciará tu hechizo incluso antes de que enciendas la cerilla.

A continuación, encontrarás una serie de preguntas que puedes tener en cuenta antes de elegir una vela para tu hechizo. La primera es obligatoria, pero el resto son sugerencias sobre posibles direcciones hacia las que puedes llevar tu hechizo, algunas de las cuales se desarrollarán en los capítulos siguientes. Aunque no es necesario que las respondas todas, reflexionar sobre esta posibilidades te ayudará a crear un hechizo increíble.

- ¿Cuál es el objetivo de mi hechizo?
- ¿Quiero hacer un hechizo sencillo en el que sólo tenga que encender la vela y listo o quiero dedicar tiempo y energía en hacer un hechizo más complejo y sutil y que esté totalmente ritualizado para adaptarse a mi situación?
- ¿Cuánto quiero gastarme en mi hechizo? ¿Quiero comprar los mejores materiales o elegir artículos más baratos para no salirme de un presupuesto determinado?

- ¿Quiero una vela de un color específico para reforzar el hechizo?
- ¿Quiero una vela con aceites y/o hierbas añadidas o prefiero una vela sencilla que yo misma pueda aderezar con aceites y hierbas?
- ¿Quiero una vela con una forma simbólica para fortalecer la magia del hechizo?
- ¿Quiero una vela con o sin fragancia?
- ¿Quiero una vela dentro de un recipiente de vidrio o una vela que se sostenga sola que pueda colocar en un portavelas o en una bandeja?
- ¿Quiero hacer mi propia vela, trabajar con una vela hecha por alguien que ha puesto su intención mágica en ella o me basta con una prefabricada?
- ¿Quiero comprar un kit de hechizos que me dé instrucciones paso a paso y todos los materiales que necesito o prefiero obtener los materiales que necesito por mí misma?
- ¿Cuánto tiempo tengo para hacer el hechizo? ¿Es para algo que necesito en este momento o dispongo del tiempo necesario para empezar el hechizo en el momento adecuado y desarrollarlo durante varios días?

Antes de adentrarte en los próximos capítulos, estas preguntas pueden parecer abrumadoras. Te prometo que cuando termines de leer el libro, te parecerán fortalecedoras. Aunque no hay respuestas correctas ni incorrectas, antes de empezar un hechizo con velas lo mejor es reflexionar sobre tus necesidades, limitaciones y preferencias personales. Dedicar algo de tiempo a la contemplación es una excelente preparación mágica y, además, te ayudará a elegir tanto la vela como el resto de herramientas que te procurarán una mejor alineación con tu hechizo.

Una vez hayas elegido la vela que quieres usar, piensa en los otros elementos que quieres incorporar: colores, números, hierbas, etc. ¿Cómo puedes tener en cuenta todos estos elementos variables cuando estás empezando? Recuerda que no tienes por qué incorporar *todos* los elementos que aparecen en este libro en un solo hechizo. Incluso las personas que llevan años haciendo hechizos utilizan sólo un puñado de elementos en sus creaciones mágicas. Si añades demasiadas cosas, acabarás volviéndote loca.

Para concentrarte y saber lo que quieres incorporar, después de haber realizado el ejercicio de escritura libre y redactado tu papel de petición, haz una lista con los tres objetivos más importantes de tu hechizo. Si se te ocurren más de tres, probablemente necesites hacer más de un hechizo. Una vez que hayas hecho la lista, piensa cómo puedes incorporar de una forma creativa esa energía al hechizo a través de los elementos que tengas a tu disposición.

Ejemplo de planificación de un hechizo de reconciliación

Petición: Juan López y yo volvemos a estar juntos

OBJETIVO 1: Quiero que olvide la discusión que tuvimos.
OBJETIVO 2: Quiero que nuestra relación sea fuerte y sólida.
OBJETIVO 3: Quiero que nuestra relación recupere el romanticismo.

Aunque hay un montón de opciones para abordar estas cuestiones en tu hechizo con velas, aquí tienes un ejemplo:

OBJETIVO 1: Quiero que se olvide de la discusión que tuvimos. Voy a esparcir unas cuantas semillas de amapola alrededor de la vela para que se olvide de la discusión.

OBJETIVO 2: Quiero que nuestra relación sea fuerte y sólida. Voy a utilizar cuatro velas porque el número cuatro representa la fuerza y la estabilidad.

OBJETIVO 3: Quiero que nuestra relación recupere el romanticismo. Voy a utilizar velas rosas para que recupere sus emociones centradas en el corazón.

Ya ves cómo, cuando los desglosas, es fácil incorporar múltiples elementos para los matices más sutiles de tus objetivos.

¿Cuándo debo encender la vela?

Mi consejo es que, si necesitas un hechizo ahora mismo, lo hagas de inmediato. Sin embargo, si puedes esperar unos días y hacerlo en un momento que esté mejor alineado con tu intención, podrás aprovechar ese impulso adicional de energía para reforzar el hechizo. Piensa en ello como la diferencia que hay entre empujar un carrito en una superficie plana o cuesta abajo. Cuando aprovechas el momento que empuja tu intención, resulta mucho más fácil avanzar.

Para elegir el momento más adecuado para lanzar tu hechizo con velas debes tener algunas cosas en cuenta.

Días festivos o especiales

Ya sean seculares o religiosos, los días festivos son un buen momento para realizar un hechizo con velas. Al hacer un hechizo de bendición para un cumpleaños, uno de amor el día de San Valentín o un hechizo de prosperidad el día de Año Nuevo, podremos aprovechar la energía comunitaria para potenciar nuestro hechizo. Este tipo de hechizos suelen tener muy en cuenta la fiesta que se avecina. Las fiestas laicas o religiosas, los aniversarios, cumpleaños, días sagrados, solsticios y equinoccios son todos ellos días con un significado especial. Puedes sacar provecho de esta energía descubriendo el significado de ese día especial y utilizando dicha energía para potenciar tus hechizos. Por ejemplo, podrías aprovechar el cumpleaños de alguien famoso y redirigir su ener-

gía para potenciar un hechizo de fama para ti misma o hacer un hechizo para bendecir tu propia relación actual aprovechando el aniversario de boda de otra persona.

Las fases de la Luna

Hay dos fases lunares básicas que pueden utilizarse para la práctica de la magia con velas:

Luna menguante

Éste es el momento en que la luna parece hacerse más pequeña, desde la luna llena a la luna nueva o negra. La luna menguante es el momento ideal para realizar hechizos de limpieza, eliminación y disipación; por ejemplo, limpiar la negatividad y eliminar patrones dañinos.

Luna creciente

Éste es el momento en que la luna parece hacerse más grande, desde la luna nueva o negra hasta la luna llena. La fase creciente es el momento de realizar conjuros de invocación y atracción; por ejemplo, para atraer una nueva pareja o lograr una mayor abundancia.

Algunas intenciones para hechizos con velas funcionan a su máximo nivel de eficacia durante la luna menguante (como los hechizos de purificación o para revertir la negatividad). Otras funcionan mejor durante la luna creciente (como los hechizos de atracción o prosperidad). De todas formas, hay hechizos que pueden lanzarse en cualquier fase de la luna (los hechizos de sosiego, por ejemplo, pueden cargarse para poner fin a las discusiones o invitar a la paz). Si puedes, procura sincronizar el momento en que empiezas a trabajar con tu vela con la primera parte de la fase lunar, de ese modo podrás quemarla del todo antes de que termine la fase.

Existe una forma muy bonita de crear una magia realmente poderosa accediendo al poder tanto de la luna menguante como de la luna creciente. Primero, haz un hechizo con velas para eliminar los bloqueos negativos durante la luna menguante, despejando el camino para algo nuevo, seguido de otro hechizo con velas de atracción para atraer aquello que deseas durante la luna creciente.

Aquí tienes algunos ejemplos:

LUNA MENGUANTE: Eliminar la mentalidad de pobreza
LUNA CRECIENTE: Crear abundancia

LUNA MENGUANTE: Desterrar las creencias autolimitantes
LUNA CRECIENTE: Atraer el éxito

LUNA MENGUANTE: Limpiar el bagaje de viejas relaciones
LUNA CRECIENTE: Atraer a tu media naranja

Luna negra y luna llena

A las brujas y otras personas vinculadas a la luna les gusta aprovechar otras dos fases lunares especiales: la luna llena y la luna oscura o negra. Estas fases tradicionalmente tienen lugar los tres días anteriores y posteriores a la noche del evento. Aunque existen opiniones divergentes respecto al tipo de magia que debe realizarse en estos días especiales del mes, a mí me enseñaron el siguiente método.

Luna negra u oscura

La noche de luna negra (a veces también llamada luna nueva) es el momento justo antes de que la luna empiece a crecer, de modo que es cuando se completa la magia de la luna menguante y uno «planta las semillas» de aquello que desea cultivar. Durante este período dedícate al trabajo silencioso, interior y solitario, a poner en marcha los nuevos comienzos.

Luna llena

La noche de luna llena es la culminación de la luna creciente y el momento justo antes de que la luna empiece a menguar, por lo que se celebra el éxito de la magia de la luna creciente y volvemos a iniciar el proceso de liberación. Durante este período, trabaja en grupo y practica una magia festiva con otras personas. También es un momento poderoso para trabajar con sueños y para la actividad psíquica.

Los fenómenos astrológicos

La astrología es un tema fascinante que puedes aplicar a tus hechizos con velas incluso si sólo dispones de unos conocimientos básicos.

La astrología de la Luna

Astrológicamente hablando, la Luna es el planeta de la magia, los misterios, los fenómenos psíquicos y las emociones profundas. A diferencia de otros planetas más lejanos, pasa por un nuevo signo cada dos días, por lo que resulta más fácil coordinar los momentos propicios. Muchos sitios web y aplicaciones disponen de calendarios lunares que puedes consultar para saber en qué signo se encuentra la luna y así poder organizar el momento ideal.

Siente las diferentes energías a medida que la Luna se desplaza por el zodíaco. Piensa en el hechizo que deseas coordinar cuando la Luna (u otro planeta) se encuentre en los siguientes signos:

Aries ♈

Fuerza física, guerra, victoria, comienzos, voluntad, fortaleza, valentía, nuevas aventura, resistencia.

Tauro ♉

Prosperidad, trabajo, sensualidad, placer, perseverancia, longevidad en el amor, negocios, seguridad, lujo.

Géminis ♊

Multitarea, llamas gemelas, búsquedas mentales, comunicación, ingenio, creatividad, sociabilidad, asociación.

Cáncer ♋

Hogar, paternidad, sustento, domesticidad, intuición, cambio, matrimonio, destreza, familia, niños, adivinación.

Leo ♌

Fama, reconocimiento, liderazgo, valor, poder, victoria, éxito, confianza, autoestima.

Virgo ♍

Detalles, servicio a los demás, organización, orden, seguridad, escritura, ayuda, verdad, sanación, resolución de problemas.

Libra ♎

Equilibrio, armonía, belleza, justicia, diplomacia, paz, compatibilidad, cooperación.

Escorpio ♏

Finales, sexo, procesar el dolor y la muerte, lealtad, venganza, pasión, control, competencia, misterio.

Sagitario ♐

Aventura, viajes, filosofía, libertad, oportunidades en el horizonte, riesgo, suerte.

Capricornio ♑

Negocios, planes a largo plazo, construcción de imperios, tradición, aprendizaje, estructura, estabilidad, abundancia, éxito.

Acuario ♒

Innovación, ideas innovadoras, tecnología, originalidad, cambios, superar los límites.

Piscis ♓

Conciencia psíquica, sueños, emociones, creatividad, misticismo, espiritualidad, finales, empatía.

Los planetas

A medida que te familiarices con la astrología, es posible que desees potenciar tu hechizo coordinándolo con la posición del Sol o los planetas en determinados signos. Por ejemplo, puede que quieras hacer un hechizo para atraer el matrimonio cuando Venus está en el signo de Cáncer, un hechizo para el éxito profesional como artista cuando el Sol está en el signo de Leo o un hechizo contra un enemigo cuando Marte está en el signo de Aries.

También puedes coordinar tus hechizos con los planetas cuando éstos se encuentren en sus signos de exaltación, es decir, los signos donde el poder del planeta está en su apogeo.

Sol-Aries
Luna-Tauro
Marte-Capricornio
Mercurio-Virgo
Júpiter-Cáncer
Venus-Piscis
Saturno-Libra

Los días de la semana

Algunas personas que practican la magia utilizan los días de la semana para coordinar el momento de encender las velas. Hay días de la semana que potencian determinados tipos de magia, por lo que empezar el hechizo en esos días puede dar un espaldarazo de poder a tus hechizos.

Cada día de la semana tiene asociado uno de los siete antiguos «planetas». Puedes usar esta correspondencia para coordinar las energías planetarias con tu hechizo grabando el símbolo del planeta en la vela.

Domingo (Sol) ☉

Energía exterior, autoridad, liderazgo, sanación, bendición, positividad en general, optimismo, avance, fama, reconocimiento, éxito, voluntad, belleza.

Lunes (Luna) ☽

Energía interna, significado de los sueños, actividad psíquica, emociones, espiritualidad, matrimonio, inspiración, intuición, secretos, trabajo personal o interno, parto, fertilidad, familia, hogar.

Martes (Marte) ♂

Agresión, valentía, caza, vitalidad, estrategia, conflicto, rupturas, destierro, destrucción, fortaleza, salud vigorosa, victoria, competición.

Miércoles (Mercurio) ☿

Comunicación, transacciones comerciales, viajes, negociaciones, resultados más rápidos, juegos de azar, creatividad, inteligencia, ingenio, diálogo, escritura, mensajes, energía embaucadora.

Jueves (Júpiter) ♃

Poder, riqueza, éxito, liderazgo, dinero, creación de empresas, asuntos legales, expansión, justicia, política, lealtad, atraer clientes, porte regio.

Viernes (Venus) ♀

Amor, lujuria, sexo, belleza, armonía, prosperidad, admiración, creatividad, atracción, amistad, placer, arte, música, colaboración, seducción, estética, dinero.

Sábado (Saturno) ♄

Motivación, voluntad, clarificar, crear estructura, actividad enemiga, atar, bloqueo, venganza, conocimiento, tradición, deber, limitación, límites.

El día y la noche

Además de trabajar con un día determinado para potenciar tu magia, también puedes aprovechar la energía de la hora del día. Una forma sencilla de incorporar la hora del día consiste en empezar tu hechizo con velas al amanecer, al mediodía, al atardecer o a medianoche.

Amanecer

Enciende velas al amanecer para nuevos proyectos, nuevos comienzos, acumular energía, aumentos y para atraer cosas buenas.

Mediodía

Enciende velas al mediodía para tener éxito, poder, abundancia, riqueza, estabilidad y fuerza.

Atardecer

El atardecer es el momento ideal para desterrar o liberarse de cosas, romper con tu pareja, separarse, para los finales, soltar amarras o la magia de limpieza.

Medianoche

Considerada la «hora de las brujas», la medianoche es uno de los momentos más poderosos para hacer hechizos vinculados a las habilidades psíquicas, el contacto con espíritus, la magia de la sombra, la magia oculta o secreta, la influencia mental, los mundos sobrenaturales y la magia del más allá o las realidades alternativas.

La hora del día

Otra forma sencilla de aprovechar los momentos del día es centrarse en las horas del día. Este sistema funciona especialmente bien con los relojes digitales. Simplemente empieza tu conjuro a una hora con un número que se repita (por ejemplo, 3:33, 9:09 o 20:20). Elige un número que se corresponda con la intención de tu hechizo (*véase* el capítulo 8 para aprender más sobre numerología). Puedes usar tanto el sistema de 12 horas como el de 24; si usas un reloj de 12 horas, elige una hora a.m. para hechizos de aumento y una hora p.m. para los hechizos de liberación.

Otra forma clásica de incorporar la hora es utilizar un antiguo reloj analógico y usar las horas en que las manecillas «suben» (desde las 6 a las 12) para los hechizos de aumento y las horas en las que las manecillas «bajan» (de las 12 a las 6) para deshacerte de algo que ya no quieres en tu vida. Por ejemplo, a las 7:35 (a.m. o p.m.) ambas manecillas estarían subiendo por el lado izquierdo del reloj, por lo que sería un buen momento para realizar un hechizo de atracción, mientras que a las 2:18 ambas manecillas estarían bajando por el lado derecho del reloj, por lo que sería el momento ideal de deshacerte de algo negativo.

Las horas astrológicas

Otra forma realmente mágica de jugar con la hora del día y también con la astrología se desarrolló en la antigua Grecia: las horas astrológicas. Según este sistema, cada día está dividido en doce partes iguales entre la salida y la puesta del sol y en otras doce partes iguales entre la puesta y la salida del sol. Cada uno de estos segmentos tiene un planeta asociado a él, por lo que implementar tu magia durante ese tiempo puede darle a tu hechizo un espaldarazo extra de la energía de ese planeta. Aunque existen formas de encontrar matemáticamente las horas astrológicas, actualmente es mucho más sencillo encontrar una calculadora de horas astrológicas en línea o descargar una aplicación. Empieza a trabajar en tu conjuro durante la hora astrológica más propicia para tu hechizo.

La hora del Sol

Salud, trabajo, carrera profesional, ascensos, liderazgo, rendimiento, fama, presentaciones, estatus social, figuras de autoridad.

La hora de la Luna

Cambio, ciclos, intuición, actividad psíquica, imaginación creativa, significado de los sueños, hogar, familia, matrimonio.

La hora de Mercurio

Agudeza mental, comunicación, transacciones comerciales, viajes, negociaciones, tecnología, juegos de azar, creatividad mental, inteligencia, ingenio, diálogo, escritura, mensajes, energía embaucadora.

La hora de Venus

Amor, cortejo, matrimonio, lujuria, belleza, sexo, armonía, prosperidad, admiración, creatividad estética, sociabilidad, atracción, amistad, placer, arte, música, colaboración, seducción, estética, paz, calma, mediación, asuntos de dinero.

La hora de Marte

Agresión, esfuerzo, valentía, caza, vitalidad, estrategia, conflicto, rupturas, destierro, destrucción, fortaleza, audacia, salud vigorosa, victoria, competición.

La hora de Júpiter

Política, poder, riqueza, atracción de adeptos, éxito, liderazgo, dinero, creación de empresas, asuntos jurídicos, expansión, justicia, lealtad.

La hora de Saturno

Organización, motivación, voluntad, clarificar, poner fin a malos hábitos, crear estructura, responsabilidad, actividad enemiga, atar, bloquear, venganza, conocimiento, tradición, deber, limitación, límites..

6

Crear velas mágicas

Aunque la idea de que las velas para hechizos deben estar hechas a mano está muy extendida, la mayoría de las personas que practican la magia lo hacen con velas que pueden adquirirse en las tiendas y no pasa absolutamente nada. Las herramientas que utilizas para tus hechizos son recipientes que llevan *tu* energía. No obstante, a medida que hagas más magia con velas, cada vez serás más consciente de los productos que utilizas. Comprar velas hechas a mano por personas que infunden sus productos con su amor y dedicación tendrá un efecto positivo en tu trabajo... y adquirir velas hechas específicamente para un uso mágico por profesionales de la magia, aún más.

A medida que tengas más experiencia en el mundo de la magia con velas, te resultará más útil conocer los secretos del oficio de la fabricación de velas. Una de las cosas que más me gusta enseñar a mis alumnos es a crear sus propias velas. Insisto, aunque *no es necesario* que hagas tú misma todas las velas que usas en tus hechizos, desde un punto de vista práctico, es muy útil entender cómo se crean las velas; además, desde una perspectiva espiritual, hacer una vela desde cero nos da la oportunidad de añadir aún más poder e intención a nuestro hechizo.

En las siguientes secciones, compartiré contigo mis secretos para la elaboración de velas mágicas: cómo hacer velas cargadas con la intención de tu conjuro para tus hechizos especiales.

Velas de cera de abejas enrolladas a mano

Las velas de cera de abejas enrolladas a mano son una de las velas más fáciles de hacer; no es necesario derretir la cera ni disponer de herramientas especiales para crear una hermosa vela cónica personalizada para tu hechizo. Como el resto de las velas cónicas, puedes añadirles aceites espirituales y pequeñas cantidades de hierbas, pero en lugar de aplicarlos sólo por la superficie exterior, también puedes añadirlos a la cera de abejas mientras la enrollas para integrarlos a toda la vela.

Puedes comprar la cera de abejas en finas láminas prensadas en forma de panal, también llamada cera estampada pura de abejas, y enrollarlas con una mecha encerada en el centro para crear una vela cónica. Las mechas enceradas son mechas que han sido sumergidas en cera para hacerlas más rígidas y fáciles de enrollar (y más fácil de encender una vez la vela está terminada). Si no puedes conseguir una mecha encerada, usa una normal (una mecha de algodón sin cera). O, si quieres, también puedes hacerla tú misma sumergiendo una mecha normal en cera de abejas derretida y dejando que se endurezca antes de empezar a crear tu vela.

Cómo hacer una vela de cera de abejas enrollada a mano

NECESITARÁS

Una hoja de cera estampada pura de abejas.

Una mecha cuadrada de algodón trenzado de 2 o 3 cm (no confundir con las n.º 2 o n.º 3, que son para velas mucho más grandes). La longitud de la mecha debe ser de 12 mm más larga que la cera estampada pura de abejas.

Aceite espiritual.

Una pizca de hierbas secas.

1. Coloca la hoja de cera estampada sobre una mesa. Elige el color de la cera que se corresponda mejor con el objetivo de tu hechizo.
2. Aplica unas gotas de un aceite espiritual apropiado sobre la parte superior de la hoja, a unos 24 mm de los bordes.
3. Espolvorea una pizca de hierbas secas sobre la parte superior de la hoja de cera. ATENCIÓN: las hierbas, flores y raíces secas son inflamables. En la mayoría de los casos, una pequeña cantidad no causará ningún problema, pero si te entusiasmas demasiado con la aplicación de hierbas, la vela resultante podría incendiarse por todas partes. Más hierbas (o aceites, velas o cualquier otra cosa) no significa que tu hechizo será más poderoso.
4. Coloca la mecha en un extremo de la hoja de cera con la parte sobrante de la misma colgando de uno de los lados.
5. Enrolla la cera alrededor de la mecha. Si estás creando una vela para deshacerte de algo, puedes empezar con la mecha pegada a ti y enrollar la vela alejándola de ti. Si, por el contrario, la estás haciendo para atraer algo, puedes empezar con la mecha en el borde de la hoja de cera más alejado de ti y enrollar la vela hacia ti.

6. Mientras la enrollas, recita tu conjuro para bendecir la vela con tu intención específica.
7. Una vez hayas enrollado del todo la hoja de cera alrededor de la mecha, presiona suavemente el borde para formar una juntura que mantenga unida la vela.
8. El lado con la mecha sobrante es la parte superior de la vela. Recórtala hasta que tenga unos 6 mm y ya estará lista para ser encendida.

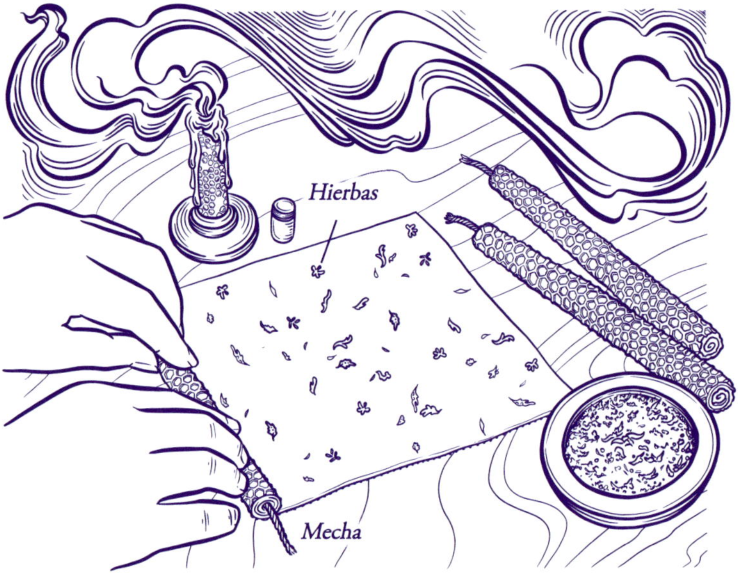

Cómo hacer una vela de cera de abejas enrollada a mano

CONSEJO EXTRA: Experimenta enrollando hojas de cera de abejas con diferentes alturas y anchuras para crear velas altas y delgadas o cortas y anchas. Puedes enrollar una hoja de cera de abejas cortada en la forma de un triángulo rectángulo para crear una vela cónica alta en el centro y con los lados inclinados.

Hacer velas cónicas por inmersión

La técnica de inmersión es bastante complicada, pero merece la pena el esfuerzo si deseas crear una vela mágica desde cero. Antes de la invención de los moldes, todas las velas se hacían por inmersión. Si alguna vez has visitado una feria de artesanía medieval o una recreación histórica, puede que hayas tenido la oportunidad de ver el proceso en directo: se coge un trozo de mecha normal o encerada y se sumerge en un recipiente lleno de cera fundida. Cada vez que la sumerges, se forma una capa sobre la mecha. Al repetir la operación una y otra vez, se forman las suficientes capas para crear una vela cónica.

Uno de los aspectos más hermosos de este tipo de velas es que puedes recitar tu conjuro cada vez que sumerges la mecha en la cera derretida, creando una vela profundamente mágica.

Cómo hacer una vela cónica por inmersión

NECESITARÁS

500 gr. de cera de abejas (1 kg si vas a hacer una vela más larga).

Una mecha cuadrada de algodón trenzado de 2 o 3 cm (no confundir con las n.º 2 o n.º 3, que son para velas mucho más grandes). La longitud de la mecha debe ser aproximadamente el doble de larga que la vela terminada.

Una lata grande y limpia (por ejemplo, una lata de zumo de tomate de 1300 ml es perfecta).

Una olla vieja lo bastante grande como para que quepa en ella la lata (se manchará con restos de cera y, aunque la cera de abejas no es tóxica, es muy difícil de limpiar, así que no utilices tu mejor olla).

Un termómetro de cocina (un termómetro para dulces o para la carne que llegue a los 68 °C).

Unas tijeras o un cuchillo.

Colorante para velas (opcional).

Tapa para olla (opcional). Te recomiendo que tengas una a mano por si necesitas apagar un fuego.

1. Vierte la cera de abejas en una lata limpia.
2. Prepara un baño maría colocando la lata dentro de la olla y llenando la olla con agua hasta la mitad o ¾ partes. No añadas agua a la lata con la cera, sólo a la olla.
3. Calentar a fuego lento. Calienta el agua, pero no dejes que hierva. La cera es inflamable y, si la calientas demasiado, podría prenderse fuego.
4. ¡Ten paciencia! En función de la cantidad de cera que derritas, y si es en trocitos pequeños o en uno grande, la cera puede tardar tres horas o más en derretirse.
5. Comprueba la temperatura del agua a intervalos regulares y asegúrate de que está entre 65° y 68 °C. Por debajo de 65 °C, la cera no se derretirá lo suficiente y te quedará una vela grumosa (si es que puedes hacerla). Por encima de 71 °C, la cera estará demasiado caliente para formar capas. A temperaturas superiores a 85 °C, la cera se echará a perder y probablemente arderá.

6. Una vez la cera esté derretida, puedes añadir el colorante. Utiliza sólo colorante para velas. Otro tipo de tintes, como los lápices de colores, los colorantes alimentarios, los colorantes para tela, etc., no se mezclan con la cera o no son seguros para hacer velas.
7. Empieza sumergiendo la mecha en la cera derretida. Después de sacarla, deja que se enfríe un momento y después tira de ambos extremos de la mecha para enderezarla. Déjala enfriar de 45 a 60 segundos.
8. Existe una técnica para sumergir velas. No las dejes sumergidas en la cera durante demasiado tiempo. Si lo haces, calentarás las capas de cera que has formado anteriormente y se derretirán. El truco consiste en sumergir la mecha y dejar que se endurezca entre 30 y 60 segundos antes de volver a sumergirla.
9. Cada vez que la sumerges, recita tu conjuro para infundirle una poderosa intención.
10. Al sumergirla, la cera se acumulará como un carámbano en la base de la vela cónica. Recórtala con unas tijeras o un cuchillo de vez en cuando mientras está sumergida o justo antes de realizar las últimas inmersiones. Puedes incorporar la cera recortada al crisol.
11. La vela estará terminada cuando tenga el grosor de un dedo. Deja que se endurezca completamente durante toda la noche. Si quieres añadir un toque de magia adicional, déjala endurecer en un lugar donde pueda captar la luz de la Luna.
12. Recorta la mecha hasta que tenga unos 6 mm. Tu vela mágica está lista para que la enciendas.

Cómo hacer velas por inmersión

Si decides usar otro tipo de cera que no sea de abejas, por favor, infórmate bien antes. No todas las ceras tienen los mismos puntos de fusión, además de necesitar distintos tipos de mecha.

Velas enrolladas con hierbas

Las velas enrolladas con hierbas son una variación a las velas por inmersión. Al añadir hierbas a la parte exterior de la vela, puedes incorporar al hechizo el poder de las hierbas que utilizas. Además, las hierbas le dan un aspecto muy rústico y «de bruja», y son divertidas de hacer si quieres que tus velas parezcan extramágicas. A continuación, encontrarás dos variaciones. El primer método es para después de crear una vela por inmersión desde cero. El segundo no requiere de ningún tipo de herramientas específicas para sumergir velas.

Cómo hacer una vela enrollada con hierbas
Método con la técnica de inmersión

NECESITARÁS

Una vela cónica de cera de abejas

Material para hacer velas por inmersión (una lata con cera de abejas en el interior de una olla con agua)

Una bandeja de horno o una bandeja plana

Hierbas secas que refuercen la intención de tu hechizo

Pinzas de cocina, pinzas para la ropa o clips

1. Prepara la cera para sumergir las velas como se indica en la receta anterior.
2. Espolvorea hierbas desmenuzadas en una bandeja para hornear.
3. Bendice las hierbas colocando las manos encima y visualizando tu objetivo mágico.
4. Sumerge una vela de cera de abejas normal (comprada o hecha por ti) en la cera caliente dos o tres veces, esperando de 30 a 45 segundos entre cada inmersión. Si utilizas una vela comprada de mecha corta, tendrás que utilizar pinzas de cocina, una pinza para la ropa o un clip para poder sumergir la vela en la cera caliente y no quemarte los dedos.
5. Mientras sumerges la vela, puedes recitar el conjuro para añadir un poco de poder extra al hechizo.
6. Tras la última inmersión, espera de cinco a diez segundos y, entonces, haz rodar la vela hacia delante y hacia atrás sobre la bandeja donde has dispuesto las hierbas, haciendo una ligera presión para que las hierbas se adhieran a la cera caliente.
7. Como con todas las hierbas y velas, no te excedas. Las hierbas son inflamables, por lo que no conviene añadir demasiadas.

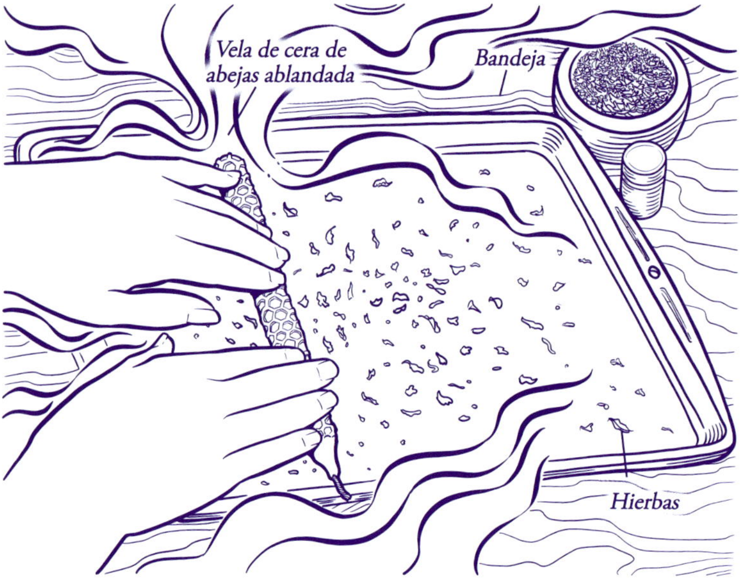

Vela enrollada con bierbas

8. Paso opcional: deja reposar la vela de 1 a 2 minutos y, a continuación, sumérgela una vez más en la cera para sellar las hierbas. Ten en cuenta que algunas de las hierbas de la vela pueden caer en la cera. Probablemente se hundirán hasta el fondo de la lata, pero, si son ligeras, pueden añadirse a tu próximo hechizo con velas. A no ser que sean en polvo, siempre puedes colar la cera con una estameña para eliminar los restos de hierbas.
9. Deja que la vela se endurezca por completo durante la noche. Si quieres añadir un poco de magia extra, déjala endurecer en un lugar donde pueda captar la luz de la Luna.

10. Si se trata de una vela que has hecho desde cero, recorta la mecha hasta dejarla en unos 6 mm de altura. Ya puedes encender tu vela mágica.
11. Presta especial atención a las velas con hierbas porque cabe la posibilidad de que las hierbas se incendien.
12. Apaga la vela cuando te vayas a dormir o salgas de casa y vuelve a encenderla cuando regreses.

Cómo hacer una vela enrollada con hierbas Método con secador de pelo

En lugar de sumergir la vela en cera, puedes coger una vela de cera de abejas ya preparada, calentarla con un secador de pelo y después hacerla rodar sobre las hierbas. Es importante que sea una vela de cera de abejas, ya que las velas de parafina no se ablandan ni quedan lo suficientemente pegajosas como para que se peguen las hierbas. ¡Calienta la vela con el secador de pelo lejos de la bandeja para evitar que las hierbas vuelen accidentalmente!

NECESITARÁS

Una vela cónica de cera de abejas
Una bandeja de horno o plana
Hierbas secas que refuercen la intención de tu hechizo
Un secador de pelo

1. Esparce las hierbas en la bandeja de horno.
2. Bendice las hierbas colocando las manos encima y visualizando tu objetivo mágico.
3. Coge una vela de cera de abejas normal (comprada o hecha por ti) y calienta uno de los lados de la vela para ablandar la cera con la ayuda de un secador de pelo.

4. Cuando un lado esté blando, haz rodar inmediatamente el lado blando de la vela hacia delante y hacia atrás sobre las hierbas de la bandeja de horno, presionando suavemente para que las hierbas se peguen a la cera caliente.
5. Repite la operación con el otro lado de la vela.
6. Como con todas las hierbas y velas, usa sólo una pequeña cantidad. Recuerda que las hierbas son inflamables y que utilizar más hierbas no equivale a más poder.
7. Si se trata de una vela que estaba fría y endurecida antes de empezar, sólo tendrás que dejar que la vela se asiente de 10 a 20 minutos.
8. Recorta la mecha hasta que tenga unos 6 mm de altura. Tu vela mágica ya está lista para que la enciendas.
9. Presta especial atención a las velas con hierbas porque cabe la posibilidad de que las hierbas se incendien.
10. Apaga la vela cuando te vayas a dormir o salgas de casa y vuelve a encenderla cuando regreses.

Velones ritualizados

Los velones son velas altas de cera de abejas o parafina que se colocan en el interior de unos tarros de vidrio largos y delgados. Los velones ocupan un lugar especial en la magia con velas porque queman durante mucho tiempo y son relativamente seguros. Esta combustión más larga es ideal para asuntos espirituales complejos que necesitan de un empujoncito adicional. El tarro de vidrio también se puede decorar con pegatinas, etiquetas o rotuladores.

Aunque es posible comprar un velón ritualizado, si deseas convertirte en una experimentada hechicera, te recomiendo que adquieras una vela sencilla sin hierbas, aceites ni fragancias, para así poder aderezarla y bendecirla tú misma. La quema de velones ritualizados a veces se denomina «consagración de las luces», y en esta sección aprenderás a preparar uno.

Cómo preparar un velón ritualizado

NECESITARÁS

Un velón sencillo, sin perfume ni decoraciones
Hierbas secas
Aceite espiritual
Cuentagotas para el aceite
Una herramienta larga y afilada, como un destornillador, un punzón, un picahielos, un palillo metálico o una aguja de tejer
Papel de petición preparado
Purpurina (opcional)
Rotuladores acrílicos o permanentes (opcional)

1. Escoge una vela de un color que refuerce tu intención (consulta la sección dedicada a los colores). También puedes elegir una vela con una etiqueta o imagen serigrafiada que refuerce el resultado que buscas.
2. Sostén la vela con firmeza y, con ayuda de una herramienta larga y afilada, practica siete orificios en la parte superior de la vela formando un círculo alrededor de la mecha. Los agujeros deben ser tan profundos como puedas. Con velas de cera de soja o parafina blanda es posible que puedas hacer unos orificios de unos cuantos centímetros de profundidad. Con velas de cera de abejas, sin embargo, seguramente sólo podrás perforar unos cuantos milímetros. A medida que practicas los orificios, puedes recitar tu conjuro. Hazlo en el sentido de las agujas del reloj para atraer algo o en el sentido contrario para deshacerte de algo.
3. Si quieres, también puedes elegir un número distinto del siete que se corresponda con la intención de tu hechizo (consulta el capítulo 8 para saber cómo utilizar los números para mejorar tu magia con velas).

4. Con ayuda de un cuentagotas, vierte una gota de aceite espiritual en cada uno de los orificios. Mientras lo haces, puedes volver a recitar tu conjuro. Una gota por agujero es suficiente. Demasiado aceite provocará que la vela produzca demasiado humo y dejará hollín en las paredes del tarro, lo que dificultará la lectura de los restos de la vela.
5. Espolvorea una pizca muy pequeña de las hierbas que refuerzan tu hechizo en la parte superior. Mientras lo haces, puedes pedirles que apoyen la intención de tu hechizo. Sé moderada con el uso de las hierbas. De nuevo, si usas demasiadas, se quemarán cuando enciendas la vela y, en el mejor de los casos, crearán humo y hollín que puede dar un falso negativo a la lectura de la vela. Demasiadas hierbas encendidas también pueden provocar que aumente la temperatura y aparezca una grieta en el tarro o surja una llama que deberás apagar.
6. Si deseas añadir un poco de la magia de los colores, puedes espolvorear un poco de purpurina de un color que coincida con el color de tu vela o de un color complementario.
7. Si quieres decorar el recipiente de la vela con palabras, sigilos, símbolos o diseños mágicos, puedes hacerlo con un rotulador acrílico o permanente.
8. Coloca tu papel de petición debajo de la vela.
9. Pon una o ambas manos sobre la vela y reza sobre ella o visualiza tu intención.
10. Enciende la vela mientras expresas tu petición.
11. Apaga la vela cuando te vayas a dormir o salgas de casa y vuelve a encenderla cuando regreses.

Cómo preparar un velón ritualizado con una vela extraíble

Los velones extraíbles también pueden personalizarse como cualquier otro velón, pero tienen la ventaja de que puedes decorar la superficie exterior de la vela antes de colocarla dentro del vaso.

NECESITARÁS

Un vaso de vidrio para velones

Un velón extraíble

Una herramienta para grabar la cera (un punzón, un clavo, una gubia para linograbado o una herramienta para velas)

Aceite espiritual

Cuentagotas o pincel

Purpurina y/o hierbas en polvo

Un paño suave para eliminar la purpurina (una camiseta vieja, por ejemplo)

Otras hierbas secas que refuercen la intención de tu hechizo

Papel de petición preparado

Papel de periódico para proteger la mesa

1. Antes de empezar, coloca papel de periódico para recoger los restos de cera tallada y el exceso de purpurina que caerán de la vela.
2. Elige una vela de un color que refuerce tu intención.
3. Con ayuda de un punzón o herramienta para grabar la cera, puedes tallar palabras, sigilos, símbolos o diseños que apoyen tu intención en la superficie exterior de la vela. Tállalos lo suficientemente profundos y anchos para que la purpurina o las hierbas en polvo se incrusten sin problema en los surcos.
4. Con ayuda de un cuentagotas o pincel, introduce el aceite espiritual en las inscripciones que acabas de tallar.

5. Espolvorea la vela con purpurina y/o hierbas en polvo sobre los surcos.
6. No te preocupes si te sales un poco del surco. Limpia el exceso con un trapo suave para que la mayor parte de las hierbas/purpurina se quede en el interior de los surcos.
7. Coloca la vela en el interior del vaso de vidrio.

Velón extraíble

8. Espolvorea una pequeña cantidad de las hierbas que refuerzan tu hechizo sobre la vela. Mientras haces esto, puedes pedirles que apoyen la intención de tu hechizo.
9. Si deseas añadir un poco de la magia de los colores, espolvorea un poco de purpurina de un color que coincida con el color de tu vela o de un color complementario.

10. Coloca el papel de petición doblado debajo del vaso.
11. Pon una o ambas manos sobre la vela y reza sobre ella o visualiza tu intención.
12. Enciende la vela mientras recitas el conjuro.
13. Apaga la vela cuando te vayas a dormir o salgas de casa y vuelve a encenderla cuando regreses.

Series de velones

Los velones pueden ritualizarse de forma individual o en series de dos o más velas. Si eliges hacer una serie, puedes hacerlas durante un cierto período de tiempo o con una determinada cantidad de velas. (Consulta el capítulo 8 para obtener más información sobre numerología y los hechizos con varias velas consecutivas).

Velas espirituales y de altar

Los espiritistas, los devotos y las personas que buscan la ayuda de sus antepasados, deidades, santos, ángeles o guías espirituales a veces recurren a las velas para invocar la presencia de un espíritu. Estas velas suelen recibir el nombre de cirios de altar o velas espirituales y no están hechas para pedir un deseo o hacer un hechizo concreto, sino que simplemente son una forma continua de honrar y dar la bienvenida a un espíritu o pedir ayuda y protección. Normalmente, para estos casos se utiliza una vela más grande que puede quemar durante varios días: un vela de pilar grande o un velón.

Elige un color asociado con el espíritu en cuestión o, si no hay ninguna asociación de color especial, una vela blanca o plateada. Hay personas que se decantan por un velón en vaso de vidrio decorado con la imagen del santo o de la divinidad que están invocando, pero si no encuentras uno ya hecho, puedes hacerte uno fácilmente pegando una imagen en el vaso con cola blanca, imprimiendo una pegatina o dibujando o pintando el nombre, los símbolos o la imagen del espíritu en el vaso con un rotulador acrílico.

Dedica tu vela espiritual sosteniéndola entre las manos mientras visualizas al espíritu y pronuncias las palabras necesarias para invocarlo. Puedes encender la vela durante el ritual para invitarlo a tu presencia o durante la meditación, momento en el que es posible que quieras conectar con el espíritu. Apaga la vela cuando quieras despedir o liberar al espíritu. A algunas personas les gusta quemar las velas espirituales junto con las velas de hechizo para que el espíritu les ayude con sus intenciones.

Otra forma de trabajar con este tipo de velas es montar un altar espiritual (un pequeño altar dedicado al espíritu) y dejar que la vela arda siempre que estés despierta y en casa.

A diferencia de las velas para hechizos, las velas espirituales no se encienden con la intención de quemarlas del todo, sino siempre que desees propiciar una conexión, una comunicación o la ayuda de un espíritu. Cuando la vela esté a punto de acabarse, lo tradicional es preparar y dedicar una nueva vela del mismo tipo, encendiéndola con la llama de la vieja. Puedes utilizar una cerilla o una vela cónica para transferir la llama de una a otra. Una vez has encendido la nueva, apaga la vieja y deshazte de ella.

Hechizos secretos

La mayoría de las veces, cuando pensamos en un hechizo, imaginamos magníficos altares espirituales cubiertos de velas que irradian poder, pero no todos los hechizos pueden hacerse de este modo. ¿Qué pasa si vives en una casa con gente que no ve con buenos ojos tu maravillosa brujería? ¿O si quieres lanzar un hechizo a una persona, pero no quieres que lo sepa? A veces necesitamos que nuestra magia diga: «Estos no son los droides que estáis buscando». (¡Y por fin sale a relucir mi frikismo por La guerra de las galaxias!).

En tu viaje mágico, es posible que haya momentos en los que quieras que tu hechizo pase desapercibido. Sean cuales sean los motivos, aquí tienes algunos consejos para mantener tu hechizo oculto a plena vista.

En primer lugar, elige una vela que no parezca demasiado «mágica». Las velas cónicas altas y las velas de pilar tienen un aspecto bastante corriente. Normalmente se usan para decorar las mesas de comedor, los dormitorios o baños, y nadie se fija mucho en ellas. De hecho, casi nadie las considera velas mágicas, lo que puede jugar a tu favor. Por lo tanto, si eliges una de estas velas para tu hechizo, no te costará mucho mantenerlo en secreto.

Si tiene que ser un hechizo ultrasecreto, del tipo «nadie-puede-nunca-verme-encender-una-vela», puedes usar una vela muy pequeña que se consuma rápidamente y encenderla sólo cuando tengas algo de intimidad, ya sea quemando la vela cuando los demás estén fuera de casa o incluso entrando en un baño privado y hacer allí tu hechizo. La típica vela de carillón se consume en menos de treinta minutos y una de cumpleaños, en menos de cinco.

Para mantener las cosas en secreto y seguir practicando magia, puedes aplicar un poco de aceite a la vela y nadie se dará cuenta. Aunque los aceites le añaden un lustre, la mayoría de la gente no iniciada no lo notará. Tampoco es necesario que uses hierbas si quieres que tu vela pase desapercibida. Si aderezas tu vela con una mezcla de aceites espirituales, estarás aplicando las energías de esas hierbas de una manera casi imperceptible.

También puedes esconder el papel de petición dentro de un portavelas o debajo de una bandeja. Si estás haciendo el hechizo con una vela cónica, puedes usar un portavelas metálico tradicional. Escribe tu intención en un trozo de papel muy pequeño y colócalo en el portavelas, debajo de la vela. Si tu portavelas tiene base hueca, puedes embutir el papel de petición dentro de la base del portavelas y será prácticamente invisible. Para velas de pilar más grandes dispuestas en una bandeja decorativa, puedes colocar un papel de petición muy pequeño debajo de la vela y no se notará.

Si trabajas con una vela de pilar más grande, puedes cargar la vela: haz un pequeño orificio en la base de la vela, coloca en él el papel de petición y cualquier tipo de hierbas y sella el agujero con cera. Consulta la sección «Cargar una vela» del capítulo 4 para obtener más detalles.

7

La magia especial de las velas figurativas

Las velas figurativas son velas que representan algo y están moldeadas con la forma de algo reconocible, por ejemplo, un gato, unos labios o una figura humana. Las velas figurativas aportan una fuerte conexión visual y simbólica que accede a lo más profundo de nuestra conciencia.

Las figuras simbólicas también pueden funcionar como herramientas de magia simpática, es decir, el acto de conectar un objeto mágico con el que estás trabajando para influir en un objetivo situado lejos de ti. Un ejemplo de magia simpática muy arraigado en la cultura popular es el «muñeco vudú». En el cine, cuando una persona clava un alfiler a un muñeco vudú, el objetivo de su magia siente dolor en esa parte del cuerpo. La magia simpática no consiste en causar dolor a nadie, sino que la mayor parte de las veces se utiliza para influir positivamente en algo.

Simbolismo de las velas figurativas

Distintas velas figurativas pueden utilizarse para diferentes tipos de magia. A continuación, se recogen algunos ejemplos de velas figurativas y sus usos.

Lámpara de Aladino

Una vela en forma de lámpara de Aladino se utiliza para los deseos intensos del corazón que se desea manifestar, la iluminación espiritual o mental o para conectar con djinn o genios.

Ángel

Las velas en forma de ángel se utilizan para proteger, bendecir o trabajar con ángeles y guías espirituales.

Anj

El anj es el símbolo de la vida, se utiliza en hechizos de inmortalidad y es un símbolo especial del kemetismo y de la identidad cultural africana.

Manzana

Las velas con forma de manzana se utilizan para hechizos de amor de todo tipo: el amor propio, asegurar un amor duradero y comprometido o tentar a alguien con una relación ilícita y apasionada. Las velas con forma de manzana también se usan para honrar a Afrodita, la diosa del amor, y para hechizos de fertilidad, belleza y glamur. Además, también pueden emplearse para hechizos de inmortalidad, juventud y salud.

Bafomet

Bafomet, también conocido como la cabra sabática, se utiliza en la magia ceremonial y los rituales gnósticos, así como en hechizos para incitar la lujuria salvaje. Las velas con forma de Bafomet también se pueden emplear en hechizos para unificar opuestos, en hechizos de rebelión o libertad, para poner fin a malos hábitos, aumentar el poder o rechazar la negatividad.

Mariposa

Las velas con forma de mariposa se utilizan para hechizos de transformación, renacimiento, belleza, libertad y evolución. Pueden usarse para conectar con seres queridos que han fallecido o para soltar amarras o poner fin a malos hábitos.

Gato

Las velas con forma de gato se utilizan en hechizos para conseguir «atrapar» algo o que nos traigan algo. También se pueden utilizar en hechizos para conectar con mascotas, espíritus felinos, espíritus animales y deidades felinas. A menudo se emplean en hechizos para convertir la mala suerte en buena y en hechizos de inversión.

Caldero

Dado que el caldero es ante todo el símbolo de las brujas, las velas con forma de caldero se usan para las iniciaciones y los ritos de paso. Muchas personas utilizan estas velas para adquirir sabiduría espiritual. El caldero es el lugar de la transformación, por lo que se utiliza en hechizos de transmutación. También representa el útero, por lo que se emplea en hechizos de fertilidad y embarazo.

Ataúd

Las velas con forma de ataúd se utilizan para poner fin a relaciones, eliminar definitivamente situaciones difíciles, acabar con malos hábitos, alejar a personas no deseadas o dañar a los enemigos.

Cruz

Las velas en forma de cruz son utilizadas por los cristianos para obtener bendiciones divinas, protección divina, hacer peticiones a Jesús o conectar con la conciencia de Cristo. Pueden emplearse como cirios de altar para servicios espiritistas o para hechizos de desbloqueo. Puedes utilizar una vela de cruz junto con otras velas para asegurarte de que tus deseos se cumplan en tanto «voluntad divina».

Diablo

Las velas con la forma del diablo se utilizan para invocar, expulsar o controlar al diablo o a espíritus malignos. También se usan para hechizos de dominación y control, así como para maldiciones. Además, las velas con forma del diablo también se pueden utilizar en hechizos para incitar a la lujuria, la pasión, el hedonismo, el libertinaje, obtener dinero rápido o cancelar deudas.

Divorcio/Pareja espalda contra espalda

Se trata de una vela con una figura masculina y otra femenina que se dan la espalda. Se utiliza para hechizos de separación o ruptura sentimental. No es necesario que haya un divorcio difícil. En función de las hierbas y aceites utilizados, también se puede utilizar para separarse pacíficamente de alguien de forma permanente.

Perro

Las velas en forma de perro se utilizan en hechizos para crear lealtad, constancia y fidelidad. Son excelentes para hechizos que buscan atraer amistades duraderas o asegurar la fidelidad de un amante. También pueden emplearse en hechizos para conectar con mascotas y espíritus de perros, espíritus animales y deidades caninas.

Rey Egipcio/Faraón/Rey Tutankamón

Una vela del rey egipcio sirve para el empoderamiento masculino, la confianza, el coraje, el éxito y el poder sobre los demás. También se utiliza para conectar con el espíritu de Tutankamón u otros faraones o deidades egipcias.

Reina egipcia/Reina Nefertiti

Una vela en forma de reina egipcia se utiliza para el empoderamiento femenino, la confianza, el coraje, el éxito y el poder sobre los demás. También sirve para conectar con el espíritu de la Reina Nefertiti u otras reinas o deidades egipcias.

Abrazo de los amantes/Pasión de los amantes

Una vela en forma de dos amantes abrazados (a veces también llamada vela de la pasión de los amantes o vela de la pareja enamorada) muestra a dos amantes desnudos en un abrazo apasionado. Se utiliza en hechizos de amor de naturaleza sexual, magia sexual y hechizos para atraer más pasión a una relación.

Trébol de cuatro hojas

Las velas de tréboles de cuatro hojas se utilizan para hechizos de buena suerte en general, para cambiar la mala suerte por buena y en los hechizos donde buscas tener suerte en cuatro aspectos de tu vida.

Gárgola

Las gárgolas son antiguas figuras europeas que representan a dragones y otras criaturas fantásticas. Las velas de gárgola sirven para expulsar a los malos espíritus, obtener una protección extrema, aumentar la riqueza e invocar a guardianes espirituales.

Diosa o Venus de Willendorf

La Diosa de Willendorf (también llamada Venus de Willendorf) es una estatua de la fertilidad que data del 22 000 a. C. Se utiliza en hechizos de abundancia, fertilidad y para conectar con la naturaleza, los antepasados, las vidas pasadas y las deidades antiguas.

Corazón

Las velas con forma de corazón se utilizan en hechizos para propiciar la pasión, el romance, la sanación de emociones, la empatía y el amor entre los miembros de una pareja, familiares o amigos.

Caballo

El caballo es un antiguo símbolo de valentía, riqueza y éxito. Utiliza una vela en forma de caballo en los hechizos que buscan el éxito empresarial, el coraje, el optimismo y la conexión con los caballos, espíritus animales y deidades ecuestres.

Herradura

La herradura es un símbolo de suerte continua. Usa una vela en forma de herradura en hechizos para reforzar la buena suerte, cambiar la mala suerte por buena, la suerte en el juego y para atraer la suerte continua en una empresa o situación.

Casa

Las velas en forma de casa se utilizan en hechizos para traer la paz, el amor, la protección o la prosperidad a un hogar, para comprar o vender una casa, para evitar ser desahuciado o para encontrar una nueva vivienda.

Buda de la risa

El Buda de la risa, también conocido como *Hotei* (en Japón) o *Budai* (en China) es un espíritu de la prosperidad y la felicidad. Utiliza una vela en forma del Buda de la risa para atraer la felicidad, la abundancia, el amor, la salud o cualquier otro propósito positivo.

Labios

Las velas en forma de labios se utilizan en hechizos para favorecer la comunicación, el romance, la pasión, terminar con las habladurías y mejorar la habilidades comunicativas.

Matrimonio (novio-novia/novia-novia/novio-novio)

Las velas matrimoniales o de parejas se utilizan para propiciar las proposiciones matrimoniales, hacer que una propuesta sea aceptada, fortalecer el compromiso, bendecir a una pareja o mejorar el matrimonio. También se pueden utilizar en amarres de amor, donde una persona queda vinculada a otra. En otro tipo de hechizos (como, por ejemplo, los de disipación o limpieza), pueden emplearse simplemente para representar a una pareja.

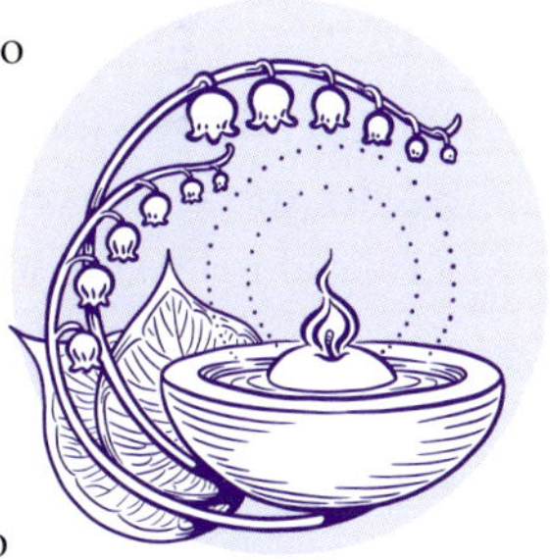

Momia

La figura de una momia egipcia se utiliza en hechizos que buscan conectar con espíritus o vidas pasadas, así como para pedir ayuda a los antepasados o para conectar con el antiguo Egipto o la magia kemética.

Jefe nativo americano/Halcón Negro

Las velas con figuras de nativos americanos se utilizan en hechizos espiritistas para conectar con el espíritu de Halcón Negro, un líder guerrero de la tribu sauk. Utiliza una vela de Halcón Negro para hechizos de justicia, especialmente cuando te enfrentas a la opresión institucional y si estás vinculado a los nativos americanos.

Figura desnuda

La figura desnuda de un hombre o una mujer representa el yo auténtico. Utiliza una vela figurativa de una persona desnuda para representarte a ti misma o al objetivo de tu hechizo, lo conozcas o no. La vela figurativa de una persona desnuda también puede utilizarse en hechizos de magia simpática como muñeco mágico o, como se lo conoce popularmente, muñeco «vudú».

Búho

Las velas en forma de búho se utilizan en hechizos de sabiduría, silencio, secretos, transición de un estado a otro, aprendizaje, conocimiento arcano o educación.

Pan

Pan es el antiguo dios griego de la naturaleza. Las velas en forma de Pan pueden usarse para celebrar la naturaleza, la vitalidad, el sexo, la lujuria, la fertilidad y el hedonismo. También sirven para venerar al propio dios Pan.

Falo/Pene

Las velas en forma de falo se utilizan en hechizos de atracción, magia sexual, pasión, virilidad y control sobre tu propio pene o el de otra persona.

Manos que oran

Las velas en forma de manos que oran se utilizan para amplificar y potenciar las oraciones y petición de bendiciones. También pueden utilizarse para mejorar la meditación, conectar con el ser divino interior o con deidades.

Pirámide

Las pirámides de Egipto son monumentos impresionantes, misteriosos y poderosos que han resistido el paso del tiempo. Una vela en forma de pirámide se utiliza en hechizos para crear riqueza, éxito, poder y resultados sólidos y perdurables en cualquier ámbito de la vida.

Rosa

Las velas con forma de rosa se usan para invocar un amor espiritual profundo o en hechizos de belleza. Las rosas se utilizan para venerar o invocar a María, Afrodita, Adonis o Santa Muerte. También ocupan un lugar destacado en los servicios espiritistas. Además, pueden usarse igualmente en hechizos de confidencialidad o para evitar que se descubran determinados secretos.

Santa Muerte

La Santa Muerte es un santo mexicano muy popular que representa la personificación de la muerte. Las velas en forma de Santa Muerte se utilizan en hechizos de amor, fortuna, sanación, protección y tránsito a la otra vida. También pueden emplearse en conjuros para venerar a la Santa Muerte.

Sello de Salomón/Estrella de David

El Sello de Salomón, o Estrella de David, es un símbolo del judaísmo. Puede utilizarse en hechizos alquímicos, de unión de los elementos, protección, bendición y para expulsar a demonios o la energía demoníaca.

Siete nudos

Las velas de siete nudos sirven para todo tipo de hechizos que duran siete días. Se utilizan estableciendo la intención de tu hechizo y después quemando un nudo al día durante siete días consecutivos.

Calavera

Las velas en forma de calavera se utilizan en hechizos para afectar e influir tu propia mente o la de otra persona, así como en hechizos para conectar con los antepasados. También pueden favorecer la comunicación mental o verbal, la salud mental, mejorar la inteligencia, la sabiduría o el éxito académico.

Sol

Una vela en forma de sol se usa para atraer la fama, el reconocimiento, la sanación, la felicidad, el empoderamiento y para revelar secretos o mentiras.

Estrella

Las velas en forma de estrella se utilizan para establecer una conexión con las dimensiones astrales, para los deseos, las esperanzas y los sueños, encontrar tu camino y para tener un viaje seguro.

Los tres monos sabios

Los tres monos sabios (no ver, no oír, no decir) se utilizan en hechizos para detener el chismorreo, deshacerte de malos hábitos y cultivar pensamientos, palabras y acciones honestas tanto en ti mismo como en los demás.

Cofre del tesoro

Las velas en forma de cofre del tesoro se utilizan en hechizos para encontrar tesoros ocultos, riquezas, bendiciones y para revelar los dones que llevamos dentro.

Virgen de Guadalupe

La vela en forma de Virgen de Guadalupe se utiliza en hechizos que buscan promover la fertilidad, la maternidad, los niños, las bendiciones, y para venerar a la Virgen de Guadalupe o para pedir bendiciones a la Virgen María.

Vulva/Vagina

Las velas en forma de vulva se utilizan en hechizos de atracción, magia sexual, pasión, fertilidad y control sobre tu propia vagina o la de otra persona.

Bruja

Las velas en forma de bruja se utilizan en hechizos para aumentar los poderes mágicos o para invocar a un maestro espiritual que te aporte más conocimientos esotéricos. También pueden usarse en hechizos de fortuna, amor, inversión o para recibir bendiciones mágicas.

Hechizo básico con velas figurativas

Aunque cada vela de este tipo tiene su poder específico, aquí encontrarás las pautas generales para trabajar con todo tipo de velas figurativas. En el capítulo 8 aprenderás a realizar trabajos más complejos con este tipo de velas, como, por ejemplo, añadir velas auxiliares o diseñar la disposición general de las velas.

NECESITARÁS

Una vela figurativa
Aceite espiritual
Hierbas secas o en polvo
Una herramienta para grabar en la cera
Una bandeja o un plato
Papel de petición
Purpurina (opcional)

1. Elige una vela con la forma y color que mejor refuerce tu intención.
2. Graba tus intenciones en la vela. Puedes escribir el nombre de tu objetivo, palabras o frases (por ejemplo, «amor», «suerte», «buena salud»). Escribe horizontalmente a lo largo de la vela, o vertical-

mente, hacia arriba, desde la base hasta la mecha, para las cosas que quieres atraer, o hacia abajo, desde la mecha hacia la base, para las cosas que quieres eliminar.

3. Adereza la vela con un aceite espiritual que refuerce tu intención aplicando varias gotas de aceite a tus manos y frotándolas sobre la superficie de la vela. Concentra tu intención mientras visualizas el resultado final o recitando tu conjuro. Siente la energía de tu intención pasando de tus manos a la vela mientras aplicas el aceite hacia arriba para las cosas que quieres atraer o hacia abajo para las cosas que quieres eliminar.
4. Espolvorea hierbas, purpurina o ambas cosas sobre la vela. Las hierbas secas se adhieren mejor en trocitos pequeños, desmenuzadas o en polvo. Una pequeña cantidad es suficiente para que tu hechizo sea eficaz y seguro. La purpurina no es inflamable, por lo que puedes utilizarla sin correr ningún riesgo.
5. Coloca el papel de petición debajo de la bandeja.
6. Coloca la vela sobre la bandeja.
7. Espolvorea las hierbas en trozos más grandes alrededor de la base de la vela.
8. Enciende la vela mientras recitas tu conjuro.
9. Apaga la vela cuando te vayas a dormir o salgas de casa y vuelva a encenderla cuando regreses.

Hechizos con velas flotantes

Las velas flotantes son especiales porque son las únicas velas diseñadas para usarse en hechizos con el elemento agua. El agua es el elemento de los sueños, las emociones y los espíritus, así que, si realmente deseas incorporar lo místico a tu magia con velas, un hechizo con una vela flotante te permitirá amplificar esa energía. Puedes utilizar aguas especiales para tu hechizo: agua bendita, infusiones de hierbas, agua de fuentes sagradas (pozos, lagos, océanos, agua de lluvia, nieve derretida, etc.) o agua cargada por la luz de la Luna. Al quemar una vela mágica en el agua también estarás infundiendo ese agua con la esencia de tu intención, y posteriormente podrás utilizarla para darte un baño, regar las plantas o bendecir una habitación con ayuda de un pulverizador.

Hechizo con una vela flotante

NECESITARÁS

Un cuenco o caldero
Agua mineral (o cualquier agua especial)
Flores frescas alineadas con tu intención
Gemas alineadas con tu intención
Una vela flotante
Aceite espiritual

1. Coloca las gemas en el cuenco o caldero.
2. Vierte el agua en el cuenco.
3. Hecha flores frescas en el agua.
4. Prepara y bendice la vela con un aceite espiritual y el conjuro de tu intención.
5. Dispón la vela sobre el agua.
6. Enciende la vela mientras recitas tu intención.
7. Deja que la vela se consuma completamente. Si te vas de casa o a dormir, apágala con un apagavelas y vuelve a encenderla cuando te despiertes o vuelvas a casa.
8. No uses agua para apagar la vela; podría provocar una peligrosa bola de fuego.
9. Una vez que la vela se haya consumido completamente, retira las flores y déjalas sobre la tierra para agradecer y bendecir a la naturaleza.
10. Retira las gemas y colócalas en tu altar o guárdalas.
11. Puedes devolver el agua a la tierra, guardarla para bendecir estancias, añadirla a un baño de limpieza o utilizarla para regar.

8

El poder de los números

Aunque los principios básicos de la magia con velas comienzan con el encendido de una sola vela para un único propósito, existen múltiples razones para encender varias velas.

Encender varias velas de forma consecutiva

Si estás inmerso en un proyecto mágico a largo plazo y quieres mantener el hechizo enfocado y con un alto nivel energético, puedes encender varias velas de forma consecutiva, es decir, dejar que una vela se consuma completamente y después encender otra vela idéntica con el mismo propósito. Las velas consecutivas pueden quemarse de distintas maneras: encender un número determinado de velas, quemar varias velas durante un período de tiempo determinado o quemar velas una después de la otra hasta lograr lo que deseas.

Un ejemplo del primer caso podría consistir en quemar siete velas amarillas de la suerte, una después de la otra, para propiciar la buena suerte.

Un ejemplo del segundo caso podría ser un hechizo cuyo objetivo fuera obtener una buena nota en una asignatura. La primera vela debería encenderse al principio del semestre y las velas subsiguientes se quemarían sucesivamente hasta el último día del semestre.

Y un ejemplo del tercer caso sería un hechizo para atraer a una nueva pareja, en el que se quemaría una vela tras otra hasta el momento en que un nuevo amor llegara a nuestra vida.

Quemar varias velas simultáneamente

Si tienes entre manos más de un hechizo o un tema que tiene múltiples facetas, es posible que necesites quemar varias velas al mismo tiempo para abordar los diferentes aspectos de hechizo.

Pueden encenderse varias velas para un solo hechizo. Por ejemplo, si estás haciendo un hechizo para obtener éxito económico, puedes quemar una vela para la prosperidad, otra para el éxito general y una tercera vela para eliminar cualquier bloqueo que pueda interponerse en tu camino.

También se pueden encender varias velas simultáneamente para diferentes hechizos, siempre y cuando no se produzca ningún conflicto entre ellos. Por ejemplo, puedes encender una vela para un hechizo de amor y otra para un hechizo de dinero. En realidad, estarías haciendo dos hechizos distintos, por lo que, técnicamente, no es un hechizo con varias velas, pero la gente suele preguntarme si es correcto hacer dos o más hechizos con velas distintos al mismo tiempo; la respuesta que siempre doy es que yo nunca he tenido ningún problema. Pero nunca está de más ir con cuidado. Evita hacer hechizos con velas simultáneos cuyos objetivos sean contradictorios entre sí. Por ejemplo, quemar dos velas distintas para conseguir dos puestos de trabajo diferentes cuando en realidad sólo quieres uno, divide tu atención y genera confusión y falta de concentración. Lo mejor es elegir uno de los dos trabajos, el que más te interese, y hacer un hechizo para ése, o hacer un hechizo más general para conseguir el «mejor» trabajo.

Quemar una vela maestra junto a otras velas auxiliares

También puedes quemar una vela principal, la cual se conoce con el nombre de vela maestra, con varias velas auxiliares para amplificar tu intención. Las velas maestras suelen tener un mayor tamaño, y normalmente se utiliza para este propósito una vela de pilar o una figurativa grande; las velas auxiliares suelen ser más pequeñas y pueden colocarse alrededor o junto a la vela maestra. Las velas auxiliares permiten añadir a nuestro hechizo numerología, colores adicionales, formas y una mayor variedad y personalización.

Puede que desees quemar una vela maestra para una intención determinada, pero también para aportar a tu hechizo el poder de un número en concreto. Por ejemplo, para propiciar una prosperidad fuerte y duradera, podrías hacer un hechizo con una vela maestra de la prosperidad rodeada de tres velas auxiliares más pequeñas, para un total de cuatro velas. Para obtener más información sobre numerología, consulta la sección que encontrarás más adelante.

Las velas auxiliares también permiten añadir diferentes colores al hechizo; por ejemplo, un hechizo con velas rosas y rojas para un amor centrado en el corazón (rosa), pero también apasionado (rojo), o un hechizo de prosperidad con velas verdes y amarillas para el crecimiento (verde) y el éxito (amarillo). Para más información sobre la magia de los colores, consulta el capítulo 2.

También se puede usar una configuración con una vela maestra y diversas velas auxiliares para representar en el hechizo diferentes fuerzas y personas. Por ejemplo, podrías usar una vela maestra que representara la intención o el deseo y varias velas auxiliares para las personas a las que va dirigido el deseo. O también podrías tener una vela maestra que represente a una deidad, una vela auxiliar que represente la intención y otras que representen a las personas que van a recibir los beneficios del hechizo.

Las velas auxiliares también nos permiten colocar las velas formando determinados patrones o diseños, los cuales no son más que disposiciones generales que aportan una capa extra de significado a un hechizo. Por ejemplo, puedes colocar una vela maestra de protección y varias velas auxiliares más pequeñas formando un círculo a su alrededor para crear una barrera protectora. (Para más información sobre patrones, consulta el capítulo 9).

A medida que adquieras más experiencia en la magia con velas, podrás incorporar cada vez más velas a tus hechizos, lo que te ofrecerá más opciones de personalización.

Vela auxiliar para representar a una persona

A la hora de elegir una vela para representar a otra persona, existen un par de opciones. La mayoría de hechiceros prefieren una vela figurativa con la forma de una persona para representar a los individuos involucrados, pero también puede utilizarse una vela cónica o un velón. Elige una vela del color que mejor represente las cualidades de esa persona o las cualidades que deseas que tenga. O, si sabes su fecha de nacimiento, también puedes elegir una vela del color correspondiente a su signo solar.

ARIES: rojo o naranja
TAURO: verde o rosa
GÉMINIS: amarillo o azul cielo
CÁNCER: plateado o blanco
LEO: dorado o morado
VIRGO: marrón o verde
LIBRA: rosa o azul cielo
ESCORPIO: rojo o negro
SAGITARIO: azul o naranja
CAPRICORNIO: negro o marrón
ACUARIO: azul o blanco
PISCIS: lavanda o verde pálido

Graba el nombre o las iniciales de la persona en la vela para vincular la energía de la vela a la persona.

Numerología en los hechizos con velas

La numerología es el estudio del simbolismo, significado y magia de los números. Si te gustan los números, es posible que quieras incluir números mágicos en tus hechizos, pues son otra manera de amplificar su poder.

Así como los símbolos pueden tener un significado mágico (por ejemplo, un corazón que represente el amor), los números tienen un significado simbólico. Podemos interpretar ese significado mágico cuando entramos en contacto con los números (por ejemplo, al ver un reloj digital que marca las 4:44). O podemos invocar esos números cuando queremos alinearnos con sus vibraciones. En general, consideramos que los números de poder son los números de una sola cifra.

1: Comienzos, unidad, novedad, concentración enfocada, independencia, originalidad, ambición, voluntad, autosuficiencia, libertad, fortaleza, iniciativa, nuevas empresas, esencia, identidad, paz.

2: Dualidad, colaboración, división, elección, cooperación, armonía, apoyo, diplomacia, paciencia, crianza de los hijos, cuidados, hogar, matrimonio, amor romántico, contraste.
3: Trinidad, unión de lo divino y lo humano, expresión, creatividad, optimismo, entusiasmo, alegría, familia, fertilidad, niños, talento, comunicación, escritura, movimiento, tiempo.
4: Preocupaciones materiales, sentido práctico, orden, lógica, trabajo duro, lealtad, construcción, responsabilidad, fundamentos, concentración, paciencia, resistencia, salud, trabajo, bienes inmuebles.
5: Aventura, adaptabilidad, cambio, libertad, exploración, variedad, sensualidad, curiosidad, viajes, imaginación, versatilidad, asuntos legales.
6: Belleza, armonía, equilibrio, crianza de los hijos, comprensión, sanación, deber, confort, servicio, comunidad, romance, justicia, azar.
7: Espiritualidad, buena suerte, filosofía, sabiduría, fe, naturaleza divina, invención, contemplación, introspección, esoterismo, perfección, autoridad, imagen pública, religión.
8: Realización, fortaleza, autodisciplina, poder, éxito, autoridad, manifestación, ambición, logro, renovación, dinero, prosperidad, carrera.
9: Finalización, culminación, deseos hechos realidad, cambio, graduación, evolución, próximos pasos, finales.

Hay dos números especiales que suelen aparecer en la magia que están fuera del rango que va del 1 al 9.

11: Número maestro, profecía, intuición, iluminación, adaptabilidad, sensibilidad, conciencia, habilidad psíquica.
13: Suerte, éxito a pesar de las adversidades, transformación, magia, manifestación.

Existen diversas formas de incorporar estos números a tus hechizos y añadir otro nivel de intención a tu magia.

Hechizos con varias velas

Puedes hacer un hechizo con varias velas y usar el número de velas que más refuerce tu hechizo. Por ejemplo, un hechizo de fertilidad con tres velas diferentes quemando de forma simultánea o un hechizo de prosperidad con cuatro velas quemadas consecutivamente.

Quemar una sola vela durante un cierto número de días

También puedes quemar velas durante varios días y elegir un número de días que tenga un significado numerológico. Por ejemplo, puedes quemar una vela de siete nudos durante siete días consecutivos o trabajar con una vela cónica alta y quemarla durante nueve días.

Quemar una vela durante un período de tiempo determinado

En lugar de quemar una vela durante un período de días determinado, puedes programarla para que arda durante un cierto número de minutos u horas cada día. Si eliges este método, no podrás controlar el número de días que durará.

Encender una vela a una hora determinada

Otra forma de incorporar la numerología a tu magia con velas es comenzar el hechizo a una hora determinada, ya sea a partir de la hora (por ejemplo, a las 8:00) o eligiendo un número repetido, como 2:22.

Añadir un cierto número de hierbas a tu hechizo

Al agregar hierbas a tu hechizo, puedes tener en cuenta el número de hierbas u otros elementos que usas en él. Por ejemplo, puedes añadir siete hierbas a un hechizo para conectar con tus guías espirituales.

El uso de números al preparar un velón

Al aderezar un velón, por defecto se practican siete orificios alrededor de la mecha; sin embargo, si deseas utilizar otro número que esté mejor alineado con tu intención, puedes hacerlo para amplificar la energía de tu hechizo.

Otras formas de introducir la numerología en tus hechizos

Hasta el momento sólo hemos hablado de elegir un número que se corresponda con tu intención. Sin embargo, también puedes trabajar con otros números especiales, tales como fechas, direcciones, números de la suerte, etc.

Cómo incorporar números de varias cifras

Cuando te encuentres con un número de dos o más cifras, puedes usarlo de dos maneras: cogiendo cada cifra por separado o sumando todos los números hasta obtener un único número maestro. Así, por ejemplo, si tienes el número 21, puedes usar la energía del 2 y del 1 o sumar 2 + 1, que es igual a 3.

Cuando se trata de fechas, como cumpleaños, aniversarios o posibles fechas para empezar tu hechizo, el método consiste en sumar los números del día, el mes y el año hasta obtener una única cifra. Por ejemplo, la fecha del 4 de julio de 1776 es 4 + 7+ 1 +7 + 7 +6 = 32. 32 hay que reducirlo aún más: 3 + 2 = 5. Así que el número con el que hay que trabajar para acceder a la energía de esa fecha es el 5.

Usar la numerología y las fechas para encontrar el momento propicio para empezar el hechizo

La numerología se presta mucho a trabajar con fechas. Puedes usar la numerología para establecer la fecha en que iniciar un hechizo con velas. Si quieres hacer un hechizo para favorecer la manifestación exitosa de un proyecto y decides trabajar con el número ocho, por ejemplo, puedes esperar hasta el próximo día «ocho» para comenzar el hechizo. La forma más fácil de hacerlo es esperar hasta el día que la suma de sus cifras individuales dé ocho, como el día 8, el 17 (1 + 7 = 8) o el 26 (2 + 6 = 8). Si quieres probar un tipo de numerología más compleja, puedes añadir también el mes y el año y sumarlo todo hasta que dé ocho. Si buscas una fecha de inicio para tu hechizo la suma de cuyas cifras dé 8, la mejor forma de hacerlo es empezar por la fecha actual.

Hoy es 4 de junio de 2020

4 + 6 + 2 + 0 + 2 + 0 = 14

14 = 1 + 4 = 5

Por tanto, hoy sería un día 5.

Una vez determinado el número de la fecha de hoy, basta con añadir 1 por cada día adicional:

5 de junio de 2020 = 6
6 de junio de 2020 = 7
7 de junio de 2020 = 8

Así, usando la numerología, el próximo día 8 más cercano después de nuestra fecha de inicio sería el 7 de junio de 2020.

Combinar la numerología con otros factores

Si deseas añadir aún más poder a la fecha de inicio de tu hechizo, además de la numerología, puedes incorporar las fases lunares, los signos lunares, la astrología, la hora de inicio, entre otros factores. Por ejemplo, podrías comenzar un hechizo de amor un día 2 que cae en viernes con una luna creciente en el signo de Tauro y a las 2:22 de la madrugada.

¡Uf, eso es demasiado! La mayoría de hechiceros no se complican tanto la vida con la hora de inicio de su hechizo. No pienses que debes alcanzar ese nivel de detalle. Usar uno o dos métodos para determinar el momento oportuno es más que suficiente.

Usar fechas especiales

Otra forma de incorporar la numerología y las fechas a tus hechizos consiste en crear números especiales vinculados a determinadas fechas. Si estás haciendo un hechizo para ejercer influencia sobre una persona, puedes utilizar su fecha de nacimiento, reducirla a un solo número y hacer un hechizo incorporando ese número de velas o hierbas para añadir otra capa de conexión con esa persona. También puedes usar los aniversarios de la misma forma.

Este tipo de numerología puede utilizarse igualmente para otras cosas. Si estuvieras en el proceso de selección para conseguir un trabajo en una empresa, por ejemplo, podrías usar la fecha de fundación de la empresa en tu hechizo para ejercer influencia en su decisión final y conseguir que te contraten.

Usar direcciones

Otra forma interesante de incorporar el poder de los números a tu hechizo es a través del poder del número de la dirección de una casa o edificio. Si haces un hechizo para comprar o vender una casa, alquilar un apartamento, conseguir un trabajo en un emplazamiento determinado u otra cosa asociada con un edificio, puedes crear una fuerte conexión con esa ubicación incorporando el número clave de la dirección a tu hechizo.

Simplemente tienes que reducir los números de la dirección a un número de una sola cifra y añadir ese número al hechizo a través del número de velas, días que arde la vela o número de hierbas que usas para aderezarla. Por ejemplo, si la dirección es calle Mayor, 250, Edificio 7, suma 2 + 5+ 0 + 7 = 14, luego vuelve a sumar 1 + 4 = 5. Usa este número clave en tu hechizo para conectar de forma poderosa con el lugar.

Números de la suerte

Muchas personas tienen un número favorito que consideran su número de la suerte. Puedes incluir tu número de la suerte en tus hechizos para mejorar y potenciar la conexión que te une a tu poder mágico, o el número de la suerte de otras personas si estás haciendo un hechizo para ellos, para potenciar la conexión entre la actividad mágica y esa persona.

Hechizos de varios días

Los hechizos con velas de varios días consisten en quemar una vela dividida en varios segmentos durante el transcurso de un número determinado de días o quemar varias velas, una cada día, durante el transcurso de un cierto número de días.

Hechizo de varios días realizado con una sola vela

Los hechizos con una sola vela durante varios días pueden hacerse con cualquier vela; eso sí, debe ser una vela con el tamaño apropiado para que dure el número de días que deseas quemarla. Es difícil que una vela de cumpleaños dure más de un día, y es imposible quemar un velón o una vela de pilar grande en menos de unos cuantos días.

Existen varios métodos para quemar una vela durante un determinado número de días. El más sencillo es hacer un cálculo y tenerla encendida un tiempo determinado cada uno de los días. Si deseas ser más precisa, antes de empezar el hechizo puedes hacer unas marcas para crear una serie de segmentos en la cera y cada día apagar la vela cuando alcance dicha marca.

Otra forma de marcar los segmentos es usando alfileres. Otra alternativa consiste en conseguir una vela especialmente creada para ser quemada en segmentos.

Algunas velas están especialmente diseñadas para quemar durante varios días. Una vela de siete nudos es una vela compuesta por siete segmentos individuales. La idea de este tipo de vela es quemar un segmento al día durante siete días.

Hechizo de varios días con una vela de siete nudos

NECESITARÁS

Una vela de siete nudos
Un plato o una bandeja
Una herramienta para grabar en la cera
Aceite espiritual
Hierbas secas
Purpurina
Apagavelas

1. Graba tus intenciones en la vela. Puedes escribir una sola palabra o una frase corta siete veces, una en cada uno de los nudos (por ejemplo, «amor», «suerte», «salud»), o también puedes escribir siete palabras o frases diferentes, una distinta en cada nudo, siempre y cuando todas ellas formen parte del mismo hechizo. Escribe a lo largo de la vela, horizontalmente, o en vertical: desde la base hasta la mecha para las cosas que deseas atraer o desde la mecha hasta la base para las cosas que quieres limpiar.
2. Adereza la vela con un aceite espiritual que refuerce tu intención aplicando varias gotas de aceite en tus manos y frotándolo sobre la superficie de la vela. Nuevamente, aplícalo desde la base hasta la mecha para las cosas que quieres atraer o desde la mecha hasta la base para las que quieres limpiar.

3. Mientras aplicas el aceite y sostienes la vela, visualiza tu objetivo mágico, recita tu conjuro y siente cómo la energía se transmite desde tus manos hasta la vela.
4. Espolvorea una hierba, purpurina (o ambas cosas) sobre la vela. Las hierbas secas se adhieren mejor. Tendrás que moler en un mortero las hierbas más gruesas y pesadas, como raíces o trozos de resina, antes de pegarlas a la vela. No te pases con las hierbas. Algunas son inflamables y terminarán quemándose. Una pequeña cantidad es suficiente para que tu hechizo sea seguro y eficaz. Por lo general, la purpurina no es inflamable, así que puedes añadirla sin problema.
5. Coloca la vela en la bandeja. Si tienes problemas para que la vela se mantenga erguida, puedes calentar la parte inferior de la vela con una cerilla o un encendedor y, después, presionarla contra la bandeja.
6. Espolvorea las hierbas más pesadas alrededor de la base de la vela.
7. Enciende la vela mientras recitas tu petición.
8. Cuando un nudo se haya consumido por completo, apaga la vela.
9. Al día siguiente, vuelve a encenderla, quema otro nudo y apaga la vela cuando se consuma ese nudo.
10. Repite los pasos del 7 a 9, quemando un nudo cada día hasta encender el último nudo. Deja que la vela se consuma completamente.

Vela de siete nudos y vela cónica con alfileres para marcar los segmentos

Hechizo con vela cónica dividida en segmentos con alfileres

Los hechizos con velas de varios días también pueden hacerse con velas cónicas sencillas y alfileres. Con la ayuda de varios alfileres, divide la vela en segmentos iguales. El siguiente ejemplo es un hechizo que dura tres días, pero tú puedes adaptarlo al número de días que mejor se corresponda con tu intención.

NECESITARÁS

Una vela cónica alta de cera de abejas
Un plato o una bandeja
Aceite espiritual
Hierbas secas
Purpurina
Tres alfileres
Apagavelas

1. Adereza la vela con un aceite espiritual que refuerce tu intención aplicando varias gotas de aceite en tus manos y frotándolo sobre la superficie de la vela. Aplícalo desde la base hasta la mecha para las cosas que quieres atraer o desde la mecha hasta la base para las que quieres limpiar.
2. Espolvorea una hierba, purpurina (o ambas cosas) sobre la vela. Las hierbas secas y ligeras son las que mejor se adhieren. Tendrás que moler en un mortero las hierbas más gruesas y pesadas, como raíces o trozos de resina, antes de pegarlas a la vela. Una pequeña cantidad es suficiente para que tu hechizo sea seguro y eficaz. Por lo general, la purpurina no es inflamable, así que puedes añadirla sin problema.
3. Empezando por arriba, estima o mide un tercio de la altura de la vela y clava un alfiler en un lateral.

4. Desde este alfiler, mide otro tercio de la altura y clava otro alfiler en el lateral de la vela.
5. Por último, clava el último alfiler en la base de la vela, prácticamente donde ésta termina.
6. Calienta la base de la vela con una cerilla o un encendedor para derretir ligeramente la cera y fíjala a la bandeja o el plato.
7. Recita tu conjuro y enciende la vela.
8. El primer día, deja que arda un segmento hasta que caiga el alfiler y apaga la vela.
9. El segundo día, quema otro segmento hasta que caiga el segundo alfiler y apaga la vela.
10. El tercer día, deja que la vela arda por completo.
11. Cuando el hechizo se haya completado, puedes recuperar los alfileres y utilizarlos para mantener activa la energía del hechizo. Normalmente, los alfileres se ocultan clavándolos en cortinas, debajo de los muebles, en las alfombras o en el forro de la ropa para mantener activa la influencia mágica.

Quemar velas sin tomar medidas

Por supuesto, siempre tienes la opción de quemar una porción de cualquier vela cada día durante un número determinado de días sólo por estimación; no tienes que usar nudos o alfileres ni ser preciso en la medición de los segmentos que quemas cada día. Por ejemplo, si decides que quieres quemar una vela durante tres días, puedes dejar que arda aproximadamente un tercio cada día y, finalmente, dejar que se consuma del todo durante el tercer día. Evidentemente, si deseas ser algo más precisa, antes de preparar la vela puedes marcar los segmentos con una herramienta para grabar cera tallando líneas en el lateral de la vela o, en el caso de las velas en recipiente, marcar los laterales del vaso de vidrio con un rotulador y utilizar las marcas como una guía aproximada.

No me cansaré de repetir que, si estás pensando en quemar una vela en segmentos, lo que debes tener en cuenta es que, si usas una vela grande, como un velón o una de pilar, lo mejor es quemarla durante el mayor número de días posible. No podrás quemar completamente una vela grande en dos o tres días.

Hechizo de varios días y varias velas

Los hechizos de varios días se pueden hacer con velas individuales durante varios días. Puedes elegir si quieres quemar varias versiones de la misma vela durante varios días o distintas velas concentradas en un solo objetivo.

El propósito es quemar una vela al día, así que asegúrate de que las velas que elijas sean lo suficientemente pequeñas como para arder completamente en 24 horas. Las velas ideales para este tipo de hechizo son las velas cónicas finas, las cuales son del mismo tamaño que las velas de carillón o las de Janucá; las velas cónicas pequeñas, del tamaño de una vela de cumpleaños, o las de té. También pueden usarse velas votivas pequeñas y velas cónicas gruesas, las cuales, aunque tienen el mismo grosor que las velas normales y ser de unos 12 cm de altura, como arden durante varias horas, puede resultar más difícil asegurarnos de que queman por completo durante el día.

Hechizo de varios días y con varias velas con el mismo tipo de vela

NECESITARÁS

Varias velas pequeñas del mismo color y estilo
Una placa de horno o bandeja plana
Aceite espiritual

Hierbas secas
Purpurina (opcional)

1. Adereza la vela con un aceite espiritual que refuerce tu intención aplicando varias gotas de aceite en tus manos y frotándolo sobre la superficie de la vela. Aplícalo desde la base hasta la mecha para las cosas que quieres atraer o desde la mecha hasta la base para las que quieres limpiar.
2. Espolvorea una hierba, purpurina (o ambas cosas) sobre la vela. Las hierbas secas y ligeras son las que mejor se adhieren. Tendrás que moler en un mortero las más gruesas y pesadas, como raíces o trozos de resina, antes de pegarlas a la vela. Una pequeña cantidad es suficiente para que tu hechizo sea seguro y eficaz. Generalmente, la purpurina no es inflamable, así que puedes añadirla sin problema.
3. Calienta la parte inferior de cada vela con una cerilla o un encendedor y, luego, presiónalas para pegarlas a la bandeja. Puedes colocar las velas formando un patrón que refuerce tu intención.
4. Enciende la primera vela mientras recitas tu intención.
5. Deja que la vela arda hasta que se consuma completamente. Si tienes que salir o irte a la cama antes de que se consuma, apágala con un apagavelas (no soplando) y vuelve a encenderla cuando regreses.
6. Al día siguiente, enciende la segunda vela y deja que arda hasta que se consuma del todo.
7. Repite la operación hasta que hayas quemado todas las velas.

Hechizos de varios días y varias velas con diversas velas de diferente estilo

También se pueden quemar varias velas de diferentes colores en el transcurso de varios días. Si todas refuerzan el mismo objetivo, entonces, forman parte del mismo hechizo. Esto se hace normalmente en hechizos donde hay algún tipo de progresión natural.

Un ejemplo podría ser un hechizo para conseguir un trabajo y encender velas para reforzar la confianza, la prosperidad, las posibilidades que se abren ante nosotros y el éxito.

Otro ejemplo sería un hechizo para restaurar una relación donde se queman velas para limpiar la negatividad, sanar viejas heridas, favorecer la comunicación, atraer la reconciliación y reavivar la pasión.

Cuando prepares este tipo de hechizos, imagina que cada vela es un paso en el camino. Al planificarlo, piensa en el primer paso y en los sucesivos y, finalmente, en la culminación de tu hechizo.

Hechizo de varios días con velas de distintos estilos

NECESITARÁS

Varias velas pequeñas de colores que refuercen diferentes aspectos de tu intención

Una placa de horno, un plato o una bandeja plana

Varios aceites espirituales

Hierbas secas

Purpurina

1. Planifica tu hechizo con antelación y determina el orden de las velas y el objetivo de cada una de ellas.
2. Adereza cada una de las velas con un aceite espiritual que potencie tu intención. Aplica varias gotas de aceite en tus manos y fró-

talas sobre la superficie de la vela. Aplica el aceite desde la base hasta la mecha para las cosas que deseas atraer y desde la mecha a la base para aquellas que quieras eliminar.

3. Elige la intención para cada tipo de vela y espolvorea las hierbas o la purpurina (o ambas cosas) en cada vela. Las hierbas secas y ligeras son las que mejor se adhieren. Una pequeña cantidad es suficiente para que tu hechizo sea seguro y eficaz. Por lo general, purpurina no es inflamable, así que puedes añadirla sin problema.
4. Calienta la parte inferior de cada vela con una cerilla o un encendedor y, luego, presiónalas para pegarlas a la bandeja. Puedes colocar las velas formando un patrón que refuerce tu intención.
5. Enciende la primera vela mientras recitas tu intención.
6. Deja que la vela arda hasta que se consuma completamente. Si tienes que salir o irte a la cama antes de que se consuma, apágala con un apagavelas (no soplando) y vuelve a encenderla cuando regreses.
7. Al día siguiente, enciende la segunda vela y deja que arda hasta que se consuma.
8. Sigue repitiendo el proceso hasta que hayas quemado todas las velas.

Con los hechizos de varias velas que duran varios días, no es necesario que dispongas todas las velas a la vez, sino que puedes preparar, colocar y quemar una vela al día en un candelabro, por ejemplo.

9

Patrones para hechizos con velas

Los hechizos con velas admiten patrones, es decir, disposiciones que forman un determinado patrón o diseño que ayuda a reforzar la magia del hechizo. Los diseños pueden hacerse con múltiples velas o creando formas con la ayuda de polvos espirituales o hierbas. Además, pueden tener un objetivo estrictamente estético o pueden estar diseñados para añadir una capa de intención específica al hechizo.

Para elaborar un patrón, tienes que observar el hechizo a vista de pájaro, es decir, mirar la bandeja o el altar desde arriba. Un ejemplo fácil de imaginar sería crear un diseño para un hechizo con tres velas. Puedes colocar las velas sobre la bandeja formando una línea o un triángulo.

Para hacer el patrón, observa las velas desde arriba y colócalas de la forma que prefieras. A algunas personas les gusta poner una vela (como, por ejemplo, un vela de pilar grande o una figurativa) en el centro de la bandeja y colocar velas auxiliares más pequeñas alrededor. También puedes esparcir unas cuantas hierbas y polvos espirituales sobre el plato o la bandeja junto a las velas o entre ellas para reforzar la disposición, o simplemente poner sólo una vela y usar las hierbas y polvos espirituales para crear la formas más complejas.

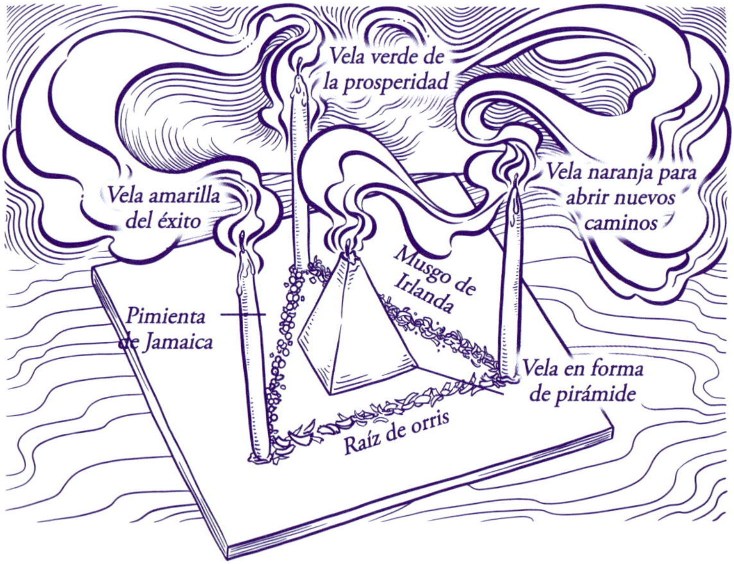

Ejemplo de un hechizo con velas formando un patrón

Formas y símbolos

Puedes dotar a los diseños que elijas para tu composición de un significado específico que puede amplificar el poder de tu hechizo.

Flecha

Dirección, movimiento, unificación, separación.

Las flechas pueden apuntar hacia arriba, hacia abajo, hacia la izquierda o hacia la derecha, y en función de la dirección tendrá un significado distinto.

Flecha apuntando hacia arriba

Movimiento enérgico, dirección, fuerza expresiva, asentar cimientos sólidos, ascensión, jerarquía.

Flecha apuntando hacia abajo

Receptividad, atraer algo, bajar a la tierra, conocimiento espiritual.

Flecha apuntando a la derecha

Avanzar en el tiempo, progreso, nuevas aventuras, viajes.

Flecha apuntando a la izquierda

Echar la vista atrás, revisitar, volver a un tiempo mejor, enviar cosas atrás en el tiempo, revisión, historia, sanar el pasado.

Flechas de dos puntas (una punta en cada extremo)

Dos flechas o una de dos puntas que apuntan en direcciones opuestas significa dos o más elementos que se alejan entre sí, separación o rupturas. Dos flechas o una de dos puntas apuntando la una hacia la otra significa dos o más elementos que se mueven el uno hacia el otro, reunión o unificación.

Círculo

Unidad, culminación, totalidad, armonía, eternidad, infinito, ciclos, perfección, iluminación, protección, ciclo de renacimiento, espíritu, fertilidad, suerte, compromiso.

Los círculos pueden hacerse con velas o dibujarse alrededor de éstas con hierbas o polvos espirituales para darles más definición, unirlos a otros elementos (todo lo que esté dentro del círculo) y separarlos de otros elementos (todo lo que esté fuera del círculo).

Cruz

Los cuatro elementos (aire, fuego, agua, tierra), las cuatro direcciones (este, sur, oeste, norte), el encuentro de lo espiritual y lo material, intersecciones, encrucijadas, cristianismo, conciencia de Cristo, desterrar algo.

Los patrones en forma de cruz suelen utilizarse para colocar simbólicamente algo en la encrucijada, por ejemplo, para convocar espíritus para recibir sus bendiciones y que te asistan con el hechizo. También sirven para enviar algo al mundo o para que el mundo en general sea consciente de tu intención. A veces, las cruces también se usan para deshacernos de algo que ya no queremos. Los paganos, los practicantes de la wica y aquellos que se conectan espiritualmente a los cuatro elementos o los cuatro puntos cardinales también pueden usar una cruz para señalar velas especiales en cada uno de los cuadrantes.

Corona

Poder, realeza, bendición divina, éxito, dominio, consecución, logro, sabiduría.

Los patrones de velas, hierbas o polvos espirituales en forma de corona (una línea recta para la base y una haciendo zigzag por encima para representar las puntas de la corona) se usan en hechizos para atraer el poder y el éxito. Normalmente, la disposición incluye tres puntas para la corona, pero si tu hechizo tiene diversas intenciones (por ejemplo, «Tengo éxito, soy rico, estoy sano, la gente me respeta y soy famoso»), puedes crear una corona con una punta para cada intención y poner una vela en cada punta para propiciar esas intenciones concretas.

Ejemplo de patrón en forma de corona

Diamante

Riqueza, acción en dos direcciones, «como es arriba, es abajo», manifestación, transformación.

La forma de diamante combina la estabilidad del cuadrado (cuatro lados) con el dinamismo del triángulo. Puedes crear un diamante uniendo dos triángulos (un diamante con una línea en el centro) o simplemente delineando el contorno de los cuatro lados.

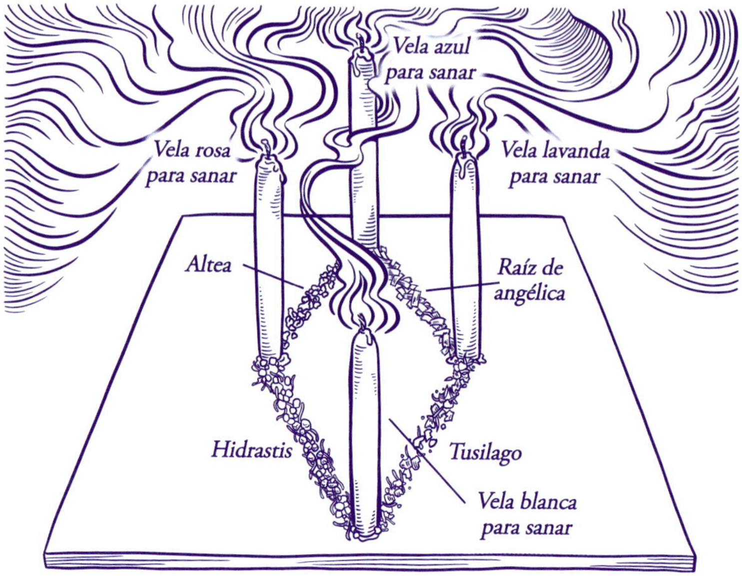

Ejemplo de patrón en forma de diamante

Ojo

El ojo que todo lo ve, protección contra el mal de ojo, sexto sentido, conciencia psíquica, apertura del tercer ojo.

Los diseños en forma de ojo se utilizan en hechizos para protegerse del mal de ojo, desarrollar la visión espiritual o vigilar algo o a alguien.

Corazón

Amor, romance, sanación emocional, matrimonio, aliviar un corazón roto, reconciliación, lujuria, amor familiar, amistad, amor a la humanidad, abrir el chakra del corazón.

Los patrones en forma de corazón suelen utilizarse en los amarres de amor y sirven para atraer una nueva pareja o consolidar una que ya existe. Sin embargo, los corazones también pueden utilizarse para otros tipos de amor, por ejemplo, en hechizos para abrir el corazón a dar y recibir buenas amistades y relaciones familiares armoniosas.

Hexágono

Trabajo, laboriosidad, comunidad, esfuerzos grupales, armonía, orden, negocios, nuevas aventuras, protección, verdad, manifestación.

El hexágono es una forma geométrica sagrada; su forma se encuentra en la naturaleza, por ejemplo, en la forma de las celdas de los panales de abejas y los copos de nieve. Usar este patrón en hechizos para empresas, grupos y organizaciones les ayuda a fluir de un modo armonioso y sin esfuerzo hacia un objetivo común.

Lemniscata (el símbolo del infinito)

Energía infinita, conexión con la iluminación divina, magia, manifestación, vidas pasadas y futuras, crecimiento ininterrumpido.

La lemniscata es una figura en forma de ocho tumbado que representa la idea del infinito. Al igual que el círculo, representa ciclos interminables, aunque en su caso con una cualidad más dinámica de construcción y aceleración. El punto en el que el ocho se cruza sobre sí mismo también incorpora las cualidades de la cruz. Utiliza este símbolo cuando quieras que el resultado final de tu hechizo sea continuo y no deje de crecer.

Línea

División, separación, conexión, movimiento, un camino, posibilidades abiertas, viaje, crecimiento, dirección.

Las líneas pueden adoptar patrones horizontales (para la estabilidad) o verticales (para la energía dinámica). Las líneas rectas representan la sinceridad. Las líneas onduladas, la superación de obstáculos, la búsqueda de uno mismo, enlaces psíquicos y conexión espiritual.

Pueden hacerse líneas trazadas con polvos espirituales o hierbas para conectar dos o más cosas o para separarlas.

Octágono

Transición, renovación, regeneración, renacimiento.

Los octágonos se pueden utilizar en hechizos cuando desees cambiar o renovar algo que ya se ha agotado.

Pentágono

Los cinco elementos, manifestación, creatividad, viajes, espíritu libre, libertad, lo espiritual sobre lo material.

Los pentágonos se utilizan en hechizos para invocar los cinco elementos (aire, fuego, agua, tierra, espíritu) o para centrarse en una manifestación material. También son excelentes para aumentar el flujo creativo o la actitud receptiva.

Ejemplo de patrón en forma de pentágono y estrella

Rectángulo

Movimiento hacia la estructura, fiabilidad, estabilidad, orden, autoridad, longevidad, comunicación, mensajes, los cuatro elementos (*véase* Cuadrado).

Los rectángulos comparten muchas de las cualidades de los cuadrados, pero añaden el elemento del movimiento. Coloca las velas formando un rectángulo horizontal para crear más armonía o formando un rectángulo vertical para aportar más energía dinámica a tu hechizo.

Espiral

Invocar/disipar, viaje espiritual interior/exterior, chamanismo, estados alterados de la conciencia, meditación.

Las espirales son un símbolo muy antiguo y representan la conexión con los mundos interior y exterior. Crea un diseño con una espiral en el sentido de las agujas del reloj para los hechizos que buscan conectar con el yo interior o para invocar. Trazar una espiral en el sentido contrario a las agujas del reloj es ideal para incorporar la vida espiritual interior al nivel consciente y para disipar algo.

Cuadrado

Estructura, fiabilidad, estabilidad, orden, autoridad, longevidad, los cuatro elementos, hogar, bloqueo, amarre, protección, comodidad.

Los cuadrados se usan en hechizos donde la estructura y la estabilidad son importantes. Cuando haces un hechizo para conseguir algo fuerte y duradero o quieres que se respete la autoridad, elaborar un patrón en forma de cuadrado traerá esa energía concreta.

Estrella

Fama, reconocimiento, felicidad, buena fortuna, suerte, conexión divina, protección, cuerpo humano, conexión entre lo material y lo espiritual, manifestación, salud, sabiduría, guía espiritual.

Las estrellas, sean del tipo que sean, representan la conexión con la energía divina. Las que tienen una cantidad específica de puntas también pueden utilizarse por su valor numerológico.

La estrella de cinco puntas (pentagrama) con la punta hacia arriba representa el cuerpo humano con la cabeza y los brazos y piernas extendidos o los cinco elementos. Los pentagramas representan la protección, la manifestación en el mundo material y el elemento tierra.

La estrella de seis puntas (o sello de Salomón) representa la combinación de los cuatro elementos, la fusión de la dualidad o el sello de Salomón y, por tanto, puede usarse en hechizos de manifestación, reconciliación o sabiduría espiritual. Es especialmente significativa como símbolo del judaísmo.

Triángulo

Trinidad, pasado-presente-futuro, cuerpo-mente-espíritu, invocación de espíritus, dirección, movimiento, símbolos alquímicos de los cuatro elementos.

Los triángulos contienen el número tres, que es un número mágico, así como la idea de movimiento. Las sutilezas de este movimiento pueden expresarse mediante la dirección de la punta del triángulo.

Punta mirando hacia arriba

Movimiento enérgico, fuerza expresiva, consolidación de cimientos sólidos, ascensión, jerarquía, éxito, expansión espiritual.

Punta mirando hacia abajo

Receptividad, atraer algo, traer a la tierra el conocimiento espiritual, manifestación.

Punta mirando hacia la derecha

Avanzar en el tiempo, progreso, nuevas empresas, viajes.

Punta mirando hacia la izquierda

Echar la vista atrás, revisitar, volver a un tiempo mejor, enviar cosas atrás en el tiempo, revisar la historia, sanar el pasado.

Usar varias formas en tus diseños

Puedes mezclar y combinar formas con cualquier tipo de hechizo. Dispón las velas en un patrón determinado y espolvorea hierbas y polvos espirituales siguiendo otros patrones para aportar dimensión, riqueza y belleza a tu hechizo.

Puntos cardinales

Colocar las velas hacia el norte, sur este y oeste puede añadir otra combinación de elementos a tu diseño de hechizo. Puedes encontrar los puntos cardinales con ayuda de una brújula o usar las direcciones simbólicas: el norte es la parte superior del plato o la bandeja (la que está más alejada de ti), el sur es la parte inferior (la más próxima a ti), el este es la derecha y el oeste, la izquierda.

Si colocas velas de colores, hierbas y talismanes en estos cuadrantes añadirás energía específica a tus hechizos.

Este

Los objetos colocados en el este pueden utilizarse para ejercer influencia sobre las ideas conscientes, el pensamiento y la comunicación. También funcionan muy bien para los nuevos comienzos, las palabras escritas o habladas, la influencia mental sobre los demás y las nuevas inspiraciones.

Sur

Los objetos situados en el sur pueden cargarse para crear movimiento, acción, energía, pasión y voluntad. Emplazar objetos en este cuadrante favorecerá tu motivación, tendrá una influencia en la forma en que tanto tú como otros actuáis y os movéis en el mundo y es ideal para que las cosas sigan moviéndose.

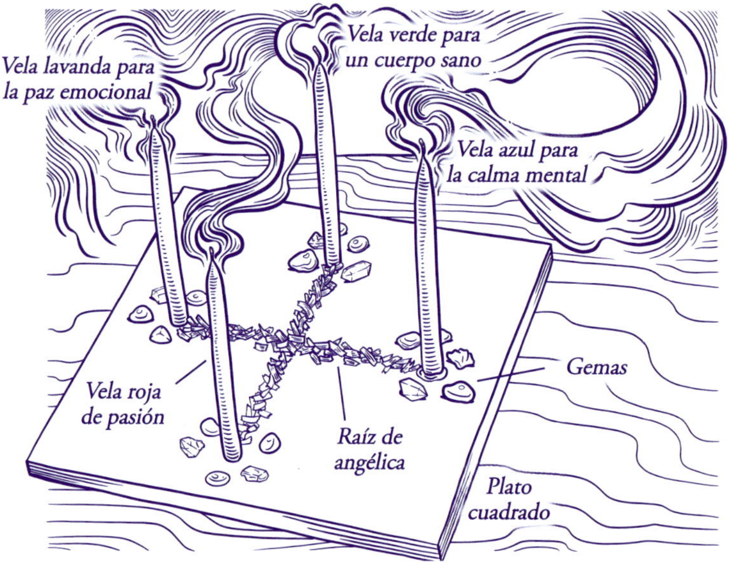

Ejemplo de diseño con los puntos cardinales

Oeste

Los objetos colocados en el oeste conectan con las dimensiones espiritual, psíquica, mística y las emociones profundas. Utiliza esta dirección para influir en el subconsciente, los sueños y las creencias o para contactar con el mundo espiritual o la energía divina.

Norte

Los objetos situados en el norte influyen en el mundo material: objetos, dinero, el cuerpo, lugares, edificios, propiedades, salud física. El norte representa las manifestaciones físicas, de modo que, si estás tratando de conseguir una cosa determinada, ésta es la dirección perfecta para concentrar tus energías.

Hechizos con velas móviles

Los hechizos con velas móviles son hechizos con un patrón determinado donde se usan varias velas, duran varios días y en los que cada día las velas se mueven de lugar. El objetivo de este tipo de hechizos es mover una o más velas por la bandeja para alejarlas o acercarlas entre sí. Un ejemplo de hechizo con velas móviles podría ser un hechizo para atraer más dinero: las velas individuales representarían las fuentes de ingresos que se mueven hacia una vela que te representa a ti. Otro ejemplo podría ser un hechizo para deshacerte de las personas negativas que hay en tu vida: la vela que te representaría, por tanto, tendría que alejarse de las diversas velas que representan a todas las personas que deseas perder de vista.

El ejemplo clásico de un hechizo con velas móviles es un hechizo de siete días llamado «Ven a mí» que se realiza con dos velas, una que te representa a ti y otra que representa a tu objetivo. Cada día tienes que colocar las velas cada vez más cerca la una de la otra, hasta que los últimos restos de cera se toquen y se consuman juntas el séptimo día

Hechizo con velas móviles «Ven a mí»

NECESITARÁS

Dos velas figurativas sencillas, una que te represente a ti y otra que represente a tu objetivo

Una bandeja de horno, plato grande o bandeja

Aceite espiritual para el amor, la atracción o el compromiso

Hierbas secas para la atracción, como hierba gatera, damiana, canela, jengibre o pachulí

Purpurina

Herramienta para grabar en la cera

1. Elige una vela masculina o femenina para representarte a ti mismo y otra para representar a tu objetivo. Selecciona colores que refuercen tu intención. Las velas pueden ser del mismo color o de colores distintos.
2. Graba tu nombre horizontalmente en la base de la vela que te representa y el nombre de tu objetivo en la base de la vela que los representa a ellos.
3. Adereza las velas con aceite espiritual para el amor aplicando varias gotas de aceite en tus manos y frotándolas sobre la superficie de la vela. Aplícalo «hacia arriba», desde la base hasta la mecha, porque este hechizo está destinado a atraer el amor. Visualiza el resultado final y siente la energía de tus manos irradiando y cargando las velas.
4. Espolvorea purpurina sobre las velas.
5. Coloca las velas una frente a la otra a ambos extremos de la bandeja.
6. Forma un sendero de hierbas que una las dos velas.
7. Primero enciende la vela de tu objetivo (para activarlo primero) y, después, la tuya mientras recitas tu intención.
8. Deja que las velas se consuman una séptima parte y apágalas. Primero apaga tu vela y después la de tu objetivo.
9. Si observas que una de las velas arde más rápido que la otra, apaga la vela que arde más rápido hasta que la que arde más despacio se ponga a su nivel.
10. Apaga siempre las velas cuando te vayas a dormir o salgas de casa.
11. Al día siguiente, acerca las velas entre sí sobre el sendero de hierbas aproximadamente una séptima parte de la distancia.
12. Vuelve a encender las velas y quémalas otra séptima parte de su altura.
13. Repite el proceso durante los siete días, acercando cada vez más las velas que te representan a ti y a tu objetivo. Si gotean y se

pegan a la bandeja, utiliza un cuchillo para mantequilla o una herramienta similar para despegarlas de la bandeja. No te preocupes si la bandeja se mancha con algunas gotas de cera a medida que acercas las velas entre sí.

14. El séptimo día, asegúrate de acercar las dos velas todo lo posible (puede que tengas que solaparlas para que se toquen) y deja que se consuman completamente.

Diagrama del hechizo con velas móviles «Ven a mí»

Los hechizos con velas móviles son un poderoso ritual para acercar cosas o personas entre sí, separarlas o moverlas al unísono. Si estás planeando un hechizo de varios días, puedes incorporar velas móviles para reforzar el elemento móvil de tu hechizo.

Algunos ejemplos de hechizos con velas móviles:

Acercar a una persona a un objetivo profesional
Acercar un premio o regalo a una persona
Acercar o alejar a una persona de un lugar
Acercar a clientes a un negocio
Alejar la mala suerte de una persona o lugar
Acercar a una pareja a una nueva casa
Acercar o alejar a dos amantes entre sí
Acercar la prosperidad a una persona
Acercar a una persona a la salud
Acercar a una persona a su media naranja desconocida o viceversa

10

El armario de las curiosidades

Algunas velas deben utilizarse de un modo determinado. Pese a que este tipo de hechizos requieren de habilidades un poco más especializadas o un esfuerzo adicional, si les dedicas el tiempo y la energía que necesitan, los resultados pueden ser altamente satisfactorios.

Velas de dos colores

Los hechizos con velas de doble acción se llevan a cabo con velas cuya mitad es de un color y la otra mitad de otro. Las velas de dos colores se crean a partir de una vela monocolor (generalmente, roja, verde o blanca) que es sumergida en cera negra para que la mitad de la vela quede recubierta de cera negra. Normalmente, este tipo de velas se utilizan en hechizos de reversión destinados a devolver la negatividad al lugar del que procede y a potenciar la buena suerte. De hecho, el procedimiento es como quemar dos velas distintas, una negra para revertir o eliminar la negatividad y una de otro color para atraer algo positivo. Hacer el hechizo con una sola vela intensifica la conexión entre los dos hechizos y crea un vínculo simbólico más fuerte.

Siempre que vayas a utilizar una vela de dos colores para realizar un hechizo de reversión debes tener en cuenta qué mitad de la vela vas a quemar primero. Como el resto de los hechizos, antes de traer las bendiciones debes devolver la negatividad al lugar del que procede, así que lo mejor es quemar la mitad negra de la vela antes que la mitad de otro color. Si tu vela ya tiene la mitad negra en la parte superior, puedes aderezarla con aceite y encenderla directamente. Sin embargo, si la mitad de color está en la parte superior, tendrás que tallarla para poder darle la vuelta y crear una nueva parte superior e inferior. Esta tarea no es un trabajo inútil; de hecho, puedes incorporarla al ritual dándole un significado propio: estás dándole la vuelta a la situación, invirtiendo la energía negativa y devolviéndola a su origen.

Hechizo con vela de dos colores sin tallar una nueva parte superior o una base

NECESITARÁS

Una vela de dos colores, negra en la parte superior y de otro color en la inferior

Un espejo pequeño

Un plato o bandeja

Una herramienta para grabar en la cera

Aceite para revertir la negatividad

Aceite para poder atraer el amor, la prosperidad u otro tipo de bendición

Azufre
Hierba en polvo para el amor, la prosperidad u otra bendición

1. Elige un color para tu vela que esté alineado con tu objetivo. Por ejemplo, una vela roja y negra para devolver la negatividad sobre una situación sentimental, una verde y negra para devolver la negatividad en torno al trabajo o el dinero, o una blanca y negra para revertir la negatividad y atraer bendiciones de cualquier tipo.
2. Con ayuda de la herramienta para grabar cera, escribe en la parte negra de qué deseas deshacerte. Si conoces el origen de la negatividad, también puedes grabar en la vela el nombre de la persona o, si no la conoces, «mis enemigos». Cuando grabes estas palabras, puedes amplificar el efecto de limpieza escribiéndolas en dirección descendente (desde la mecha hacia el centro de la vela). Puedes potenciarlas todavía más escribiendo del revés (escritura especular).
3. En la mitad inferior de la vela, la parte de color, puedes escribir aquello que te gustaría atraer y/o tu nombre. Dado que vas a atraer algo, escríbelo en dirección ascendente (desde la base hacia el centro de la vela). Esto debes escribirlo normalmente, no uses la escritura especular.
4. Échate unas gotitas de aceite para revertir la negatividad en las manos y frótatelas. Aplica el aceite a la mitad negra de la vela con movimientos descendentes (desde la mecha hacia el centro de la vela). Visualiza que devuelves la negatividad a su lugar de origen y carga la vela con tu energía.
5. Lávate las manos y después échate unas gotitas del aceite de bendición en las manos y frótalas. Aplica el aceite en la mitad de color de la vela con movimientos ascendentes (desde la base hacia el centro de la vela). Visualiza que recibes tus bendiciones y carga la vela con tu energía.

6. Espolvorea azufre sobre la mitad negra de la vela.
7. Espolvorea la hierba en polvo en la mitad de color.
8. Coloca la vela encima de un pequeño espejo. Si tienes dificultades para que la vela permanezca erguida sobre el espejo, puedes derretir un poco de cera de la parte inferior de la vela con una cerilla y pegarla al espejo. Coloca el espejo y la vela sobre un plato o bandeja.
9. Recita tu conjuro y enciende la vela.
10. Quema la vela mientras estés en casa y despierta. Si sales de casa o te vas a dormir, apágala y vuelve a encenderla cuando puedas vigilarla.

Hechizo con vela de dos colores tallando una nueva base superior o una base

Si tu vela tiene la parte de color en la parte superior, tendrás que «darle la vuelta», es decir convertir la parte superior en la base y crear una nueva parte superior a partir de la base.

Antes de empezar, obsérvala detenidamente. Si la parte superior tiene algún tipo de prominencia que le impide quedar erguida sobre un plato o bandeja, tendrás que eliminarla para que pueda convertirse en la nueva base de la vela.

En todos los casos, tendrás que tallar una nueva parte superior a partir de la base de la vela para que la mecha quede expuesta y puedas encender la vela.

NECESITARÁS

Una vela de dos colores, negra en la parte inferior y de otro color en la superior

Un cuchillo de mondar o una navaja

Un espejo pequeño

Un plato o una bandeja
Una herramienta para grabar en la cera
Aceite para revertir la negatividad
Aceite para atraer el amor, la prosperidad u otro tipo de bendición
Azufre
Hierba en polvo para el amor, la prosperidad u otra bendición

1. Elige el color de vela más afín a tu objetivo.
2. Con un cuchillo, primero corta la parte superior de la vela para dejarla plana y que pueda ser la nueva base de la vela.
3. A continuación, corta la base de la vela para que pueda ser la nueva parte superior. Cuando talles alrededor de la mecha, hazlo con cuidado para no cortarla. Deja al menos 6 mm de mecha expuesta para poder encender la vela fácilmente.
4. Con la herramienta para tallar, escribe lo que deseas eliminar en la parte negra. Si conoces el origen de la negatividad, también puedes grabar en la vela el nombre de la persona o, si no la conoces, «mis enemigos». Cuando grabes estas palabras, puedes amplificar el efecto de limpieza escribiéndolas en dirección descendente (desde la mecha hacia el centro de la vela). Puedes potenciarlas aún más escribiendo del revés (escritura especular).
5. En la mitad inferior de la vela, la parte de color, puedes escribir aquello que te gustaría atraer y/o tu nombre. Dado que vas a atraer algo, escríbelo en dirección ascendente (desde la base hacia el centro de la vela). Esto debes escribirlo normalmente, no uses la escritura especular.
6. Échate unas gotitas de aceite para revertir la negatividad en las manos y frótatelas. Aplica el aceite a la mitad negra de la vela con movimientos descendentes (desde la mecha hacia el centro de la vela). Visualiza que devuelves la negatividad a su lugar de origen y carga la vela con tu energía.

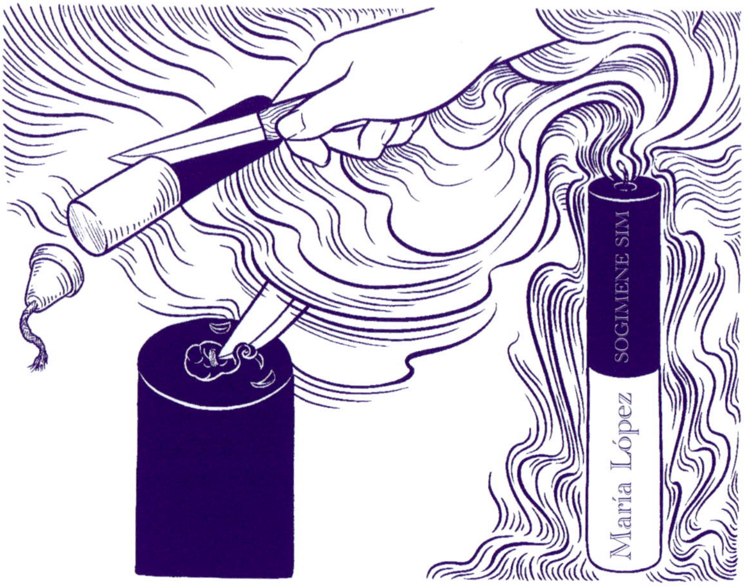

Tallado de una vela de dos colores

7. Lávate las manos y después échate unas gotas del aceite de bendición en las manos y frótalas. Aplica el aceite en la mitad de color de la vela con movimientos ascendentes (desde la base hacia el centro de la vela). Visualiza que recibes tus bendiciones y carga la vela con tu energía.
8. Espolvorea azufre sobre la mitad negra de la vela.
9. Espolvorea la hierba en polvo en la mitad de color de la vela.
10. Coloca la vela encima de un pequeño espejo. Si tienes dificultades para que la vela permanezca erguida sobre el espejo, puedes derretir un poco de cera de la parte inferior de la vela con una cerilla y pegarla al espejo.
11. Recita tu conjuro y enciende la vela.

12. Quema la vela mientras estés en casa y despierta. Si sales de casa o te vas a dormir, apágala y vuelve a encenderla cuando puedas vigilarla.

Lámparas de aceite

Aunque técnicamente no sean velas, las lámparas de aceite comparten muchas de las cualidades de éstas y son una buena alternativa para la magia con velas. Una de las ventajas de las lámparas de aceite es que pueden rellenarse una y otra vez, lo que va genial para los hechizos ininterrumpidos. Por ejemplo, si deseas que tu prosperidad no deje nunca de crecer, puedes crear una lámpara de aceite y mantener tu abundancia siempre activa en lugar de encender una vela o quemar una vela tras otra.

Las lámparas de aceite pueden hacerse de muchas formas: con una lámpara de queroseno, un tarro de cristal o una lámpara de ghee o de aceite de oliva. La lámpara de aceite en un tarro de cristal es la más sencilla de hacer porque los elementos que necesitas son muy baratos y fáciles de encontrar.

Lámpara de aceite en un tarro de cristal

NECESITARÁS

Un tarro de cristal
Una tapa metálica con un agujero
Un plato o bandeja
Aceite de oliva
Un rollo de vendas de algodón
Un palillo o tenedor
Aceite espiritual que refuerce tu intención
Hierbas, raíces, gemas y/o talismanes que refuercen tu intención
Papel de petición y/o fotografía

Material personal (pelo, recortes de uñas o cualquier otra cosa con el ADN del objetivo)
Una tijeras
Unas pinzas
Un destornillador

1. Abre el tarro de cristal y añade en él gemas, talismanes, hierbas, fotos, material personal, papeles de intención y unas gotas del aceite espiritual que hayas elegido. A medida que añades algo nuevo, puedes decir en voz alta qué te gustaría que aportara ese elemento a tu hechizo. La idea no es llenar el frasco de objetos; unas cuantas cosas de cada es suficiente.
2. Llena el tarro con aceite de oliva hasta unos 25 mm del borde.
3. Corta una tira de gasa de algodón de unos 60 cm de largo y enróllala longitudinalmente hasta formar una «serpiente» larga. Ésta será la mecha. Aunque es difícil, procura enrollarla lo más apretada que puedas.
4. Introduce la mecha en el tarro. Utiliza un palillo o un tenedor para empujarla hacia el fondo del tarro a medida que absorbe el aceite. También puedes aprovechar para arrastrar hacia abajo las hierbas que hayan quedado flotando en la superficie del aceite.
5. Rellena el tarro con más aceite hasta que llegue a unos 6 mm de la parte superior.
6. Practica un agujero en la tapa metálica con ayuda de un clavo grande y después amplíalo con un destornillador. O, si dispones de un abrelatas antiguo, puedes hacer un orificio triangular del tamaño adecuado. El agujero debe tener unos 6 mm de diámetro. Si lo prefieres, también puedes comprar tapas decorativas para tarros de vidrio que ya vienen con el agujero hecho y que suelen usarse para transformar los tarros en vasos con pajita, botellas para lociones u otros objetos decorativos. Asegúrate de que la

tapa sea metálica y no de plástico, porque el plástico y el fuego no se llevan demasiado bien.

Lámpara de aceite en tarro de cristal

7. Introduce la mecha a través de la tapa de forma que sobresalga unos 12 mm por encima de ésta. Enciende la mecha y recórtala para que mida unos 6 mm de largo. Aunque se podría pensar que el orden lógico es primero cortar la mecha y después encender la vela, con las lámparas de aceite en realidad el proceso es a la inversa, es decir, primero se enciende y después se recorta la mecha. Es la mejor forma de «ajustar» la mecha, como haríamos con una lámpara de queroseno, aunque en lugar de enrollarla hacia atrás, se recorta.
8. Mientras la llama está encendida, puedes ajustar la longitud de la mecha tirando de ella con unas pinzas o recortándola con unas

tijeras. El objetivo es mantener la llama baja y estable. Una llama alta produce humo y puede ser peligrosa.

9. Si vas rellenando la lámpara con aceite, seguirá ardiendo ininterrumpidamente. Dependiendo del tiempo que la tengas encendida cada día, lo más probable es que una vez al día debas comprobar el nivel de aceite y ajustar la mecha.
10. Como con el resto de llamas abiertas, deja la lámpara de aceite encendida sólo cuando estés en casa y despierta. Puedes apagarla cuando te vayas a dormir o salgas de casa y volver a encenderla cuando te despiertes o regreses.

Endulzamiento con tarro de miel

Este tipo de endulzamientos son una asombrosa combinación entre la magia alimentaria y la magia con velas. Un hechizo de endulzamiento con tarro de miel sirve para intentar que una relación actual resulte más dulce y satisfactoria. Aunque la gran mayoría de estos hechizos se utilizan con fines sentimentales, también puedes usarlos para endulzar la relación con tu jefe, los miembros de tu familia, vecinos, jueces, clientes, compañeros de trabajo o casi cualquier otra persona con la que estés en contacto.

Como los endulzamientos con miel son hechizos continuos, son perfectos para endulzar la relación con personas testarudas y para casos difíciles. Son ideales en situaciones en las que tienes que esforzarte para que la persona sea más dulce y amable contigo, como, por ejemplo, después de una pelea con tu pareja cuando ésta se niega obstinadamente a devolverte las llamadas, un vecino resentido o un jefe que siempre ha sido un gruñón.

Para este tipo de endulzamiento, cogemos un tarro de miel que previamente hemos preparado mágicamente y quemamos una vela pequeña encima a intervalos regulares, ya sea diarios o en días especiales de la semana. El hechizo termina cuando has obtenido el resultado deseado. A medida que vayas quemando velas encima durante días, semanas y meses, se irán acumulando gotas de cera en las paredes exteriores del tarro. Esta acumulación de cera es un signo positivo de la energía que se está acumulando en torno a tu intención y que ayuda a ablandar el corazón de la otra persona y a sellar el amor que os profesáis. El objetivo es que el tarro acabe completamente cubierto con gotas de cera acumuladas durante muchísimos días.

A medida que las velas se consuman encima del tarro de miel, asegúrate de retirar los restos sueltos de las mechas quemadas. Si se acumulan demasiadas, pueden volver a encenderse y provocar un pequeño incendio.

También te recomiendo usar un tarro pequeño y velas pequeñas para este tipo de hechizo. Elige un tarro con tapa metálica: las de plástico pueden quemarse y a nadie le gusta el olor a plástico quemado. Con un tarro pequeño conseguirás antes resultados visibles de la acumulación de cera, y si sigues quemando velas durante días, semanas y meses, verás cómo la capa de cera se va haciendo cada vez más alta.

Elige un color de vela que refuerce tu intención (consulta la sección sobre el color de las velas del capítulo 2). Si quieres, puedes usar un color distinto cada día. Por ejemplo, para los hechizos de amor puedes alternar entre el rojo para la pasión, el rosa para el romance y el azul para la reconciliación. La vela ideal es una de carillón o una vela cónica fina, algo que se consuma en una o dos horas. Otra alternativa es usar una pequeña vela votiva que se sostenga sola, no en el interior de un tarro de vidrio. A algunas personas les gustan las velas más grandes, pero eso arruina el hecho de preparar y quemar una vela cada día, ya que pueden acumular una gran cantidad de cera goteante en muy poco tiempo. El objetivo de los endulzamientos es alargar el proceso, enviar tu intención una y otra vez, y un exceso de cera en muy poco tiempo no garantiza esa experiencia. A otras personas les gusta usar velas de té, que tienen el tamaño adecuado, pero al venir en recipientes metálicos, la cera no gotea sobre el tarro.

En este tipo de hechizos suele utilizarse material personal, es decir, objetos que pertenecen o han pertenecido al objetivo del hechizo. El material personal pueden ser cosas extremadamente íntimas u objetos mucho más neutros. Puedes calibrar el tipo de objeto personal más adecuado para tu hechizo y tus intenciones en función del nivel de intimidad que tengas con el objetivo del hechizo. Eso sí, elige siempre el más potente. A continuación tienes una lista de objetos personales que puedes utilizar en un endulzamiento con miel, desde los más potentes a los más débiles:

Material personal

- Semen, flujo vaginal o sangre menstrual
- Sangre, saliva, sudor, mucosidad u orina
- Vello corporal o de la cabeza
- Recortes de uñas de pies y manos o raspaduras de piel
- Ropa que haya llevado el objetivo y no se haya lavado (cuanto más íntima y cercana al cuerpo, más potente)
- Suciedad de una huella o pisada del objetivo
- Firma manuscrita
- Algo que haya pertenecido a la persona
- Algo que la persona haya tocado
- Fotografía de la persona

Elige el material personal más fuerte que puedas obtener en cada situación. Por ejemplo, si le estuvieras haciendo un endulzamiento a un juez para conseguir que te favorezca en un caso judicial, sería muy poco probable que pudieras conseguir restos de uñas o un mechón de pelo, pero podrías conseguir una firma. Del mismo modo, si lo que pretendes es que tu pareja sea más dulce contigo, usar sólo una foto sería un vínculo demasiado débil. Usar un mechón de cabello o algún fluido corporal producirá mejores resultados.

Hechizo de endulzamiento con tarro de miel

NECESITARÁS

Un tarro de miel con tapa metálica
Papel para la petición
Objeto personal
Velas pequeñas (vela cónica fina o de carillón)
Una cuchara
Un bolígrafo o lápiz
Hierbas
Aceite espiritual

1. Prepara un papel de petición.
2. Echa una pizca de la mezcla de hierbas sobre el papel de petición.
3. Añade el objeto personal de tu objetivo al paquete del papel de petición. Si el hechizo es de amor, lo tradicional es atar un mechón de tu propio pelo alrededor del pelo de tu objetivo y añadirlo como tu objeto personal.
4. Dobla el papel de petición hacia ti mientras recitas en voz alta tu intención u oración. Gira el papel 90 grados a la derecha y vuelve a doblarlo hacia ti mientras recitas tu deseo. Sigue girándolo, recitando y doblando hasta que no puedas doblarlo más.
5. Abre el tarro de miel, llena una cucharadita de miel, cómetela y di: «Como esta miel es dulce para mí, así [nombre de la persona] será dulce para mí». Repítelo tres veces.
6. Mete en el tarro el paquete con el papel de petición, empújalo hacia el fondo con ayuda de la cuchara y cierra la tapa.

7. Adereza una de las velas con un aceite espiritual adecuado. Aplícalo con un movimiento ascendente, desde la base hacia la mecha, si quieres atraer algo, o ascendente, desde la mecha hacia la base, si quieres deshacerte de algo.
8. Aplica una cerilla encendida en la base de la vela para ablandarla y pégala a la tapa del tarro. Enciende la vela mientras recitas tu conjuro por última vez. Deja que la vela se consuma completamente.
9. Dependiendo de la prisa que tengas o de la intensidad de tu deseo, puedes quemar una vela cada lunes, miércoles y viernes o una vela cada día de la semana.
10. Si quedan restos de mechas quemadas después de quemar la vela, retíralas para evitar que prendan fuego.
11. Continúa quemando velas sobre la tapa del tarro de miel hasta que obtengas el resultado deseado.
12. Si durante el proceso deseas añadir algo al tarro de miel (por ejemplo, una hierba o un objeto personal más potente), puedes abrirlo rompiendo las gotas de cera para hacerlo. Cuando hayas terminado, sólo tienes que cerrar la tapa y seguir quemando velas con normalidad.

Cuando consigas tus objetivos, no tires el tarro. Un tarro de miel que ha funcionado una vez puede volver a funcionar, y es posible que necesites volver a utilizarlo si tú y la otra persona tenéis una discusión o necesitáis mejorar la relación de alguna manera. Si has conseguido tus objetivos y has terminado de trabajar con el tarro de miel, guárdalo en un lugar seguro para poder utilizarlo más adelante. La única situación en la que te recomendaría deshacerte de él es si nunca más vas a tener contacto con esa persona; si, por ejemplo, te mudas lejos de tu vecino o consigues un nuevo trabajo y tienes otro jefe.

Hechizo de endulzamiento con tarro de miel

Tarro de vinagre

En principio, los tarros de vinagre son parecidos a los de miel, pero tienen el propósito contrario: agriar los sentimientos de alguien. Estamos ante un hechizo negativo que busca crear fisuras entre las personas, romper alianzas o enemistar a una persona con otra.

Para hacer un hechizo con un tarro de vinagre, coges un tarro lleno de varias hierbas y líquidos negativos, amargantes y que provoquen la ira y quemas una pequeña vela negra encima a intervalos regulares, ya sea a diario o en días especiales de la semana. Como con los tarros de miel, el hechizo termina cuando se obtiene el resultado deseado. La cera acumulada es un signo de la energía negativa que se acumula alrededor de tus objetivos. A medida que vayas quemando velas, asegúrate de retirar los restos de mecha para evitar un incendio descontrolado.

Al igual que con los tarros de miel, elige el material personal más potente que puedas conseguir en cada situación. Una vez que hayas logrado tus objetivos, deshazte del tarro de vinagre tirándolo en el cubo de la basura de tu objetivo, enterrándolo en su propiedad, tirando el contenido del bote en un cruce cercano a la casa de tu objetivo y después tirando el tarro a su cubo de la basura o, si ninguna de estas opciones es posible, tira todo el tarro en un cubo de basura lejos de tu casa.

Hechizo con tarro de vinagre

NECESITARÁS

Un tarro con tapa metálica lleno de vinagre

Papel de petición

Material personal (*véase* la sección dedicada a los endulzamientos con tarros de miel para obtener más detalles sobre los objetos personales)

Velas pequeñas (vela cónica fina o de carillón)

Una cuchara

Un bolígrafo o lápiz

Hierbas

Aceite espiritual

1. Prepara un papel de petición.
2. Echa una pizca de la mezcla de hierbas sobre el papel de petición.
3. Añade los objetos personales de tus objetivos.
4. Dobla el papel de petición hacia ti mientras recitas en voz alta tu intención u oración. Gira el papel 90 grados a la derecha y vuelve a doblarlo hacia ti mientras recitas tu deseo. Sigue girándolo, recitando y doblando hasta que no puedas doblarlo más.
5. Abre el tarro de vinagre y mete dentro el paquete, empujándolo hacia abajo en el vinagre y cierra la tapa.

6. Adereza una de las velas con un aceite espiritual apropiado, aplicándolo de arriba abajo, ya que estás deshaciéndote de algo.
7. Aplica una cerilla encendida en la base de la vela para ablandarla y pégala a la tapa del tarro. Enciende la vela mientras recitas tu conjuro por última vez. Deja que la vela se consuma completamente.
8. Dependiendo de la prisa que tengas o de la intensidad de tu deseo, quema una vela cada martes, jueves y sábado o una vela cada día de la semana.
9. Si quedan restos de mechas quemadas después de quemar la vela, retíralos para evitar un incendio.
10. Continúa quemando velas sobre la tapa del tarro de vinagre hasta que obtengas el resultado deseado.
11. Dependiendo de lo que añadas al tarro de vinagre, el contenido a veces empieza a fermentar y puede acumularse presión en su interior. Si la tapa empieza a hincharse, puedes abrir lentamente el tarro y romper las gotas de cera. Cuando hayas terminado, vuelve a cerrar la tapa y sigue quemando velas con normalidad.

11

Lectura de velas

La lectura de velas consiste en analizar y leer la llama, la cera y el humo mientras la vela está quemando y después de que se haya consumido. Se trata de una habilidad altamente especializada, pues requiere de una auténtica comunicación tanto con el espíritu del fuego como con los guías espirituales. Las respuestas que se obtienen de la lectura de velas proporcionan una información valiosísima que puede revelarte lo que necesitas saber para alcanzar tus objetivos mágicos. Ver hacia dónde se dirige tu hechizo o lo que se oculta realmente en tu intención puede ayudarte a corregir cosas, tomar alguna medida espiritual o material adicional o darte una idea de cómo están las cosas.

Las tres ramas de la lectura de velas son la ceromancia (lectura de la cera), la piromancia (lectura de las llamas) y la capnomancia (lectura del humo). Aunque para hacer un hechizo no es necesario dominar estas tres disciplinas, aprender los principios básicos de este arte adivinatorio hará que tus habilidades mágicas mejoren.

Una de las ventajas de prestar atención a la vela mientras está encendida es que puedes prevenir cualquier problema potencial y alterar de forma efectiva la dirección de tu magia. Como la vela sigue ardiendo, tienes la oportunidad de «modificar» el hechizo si algo no va en la dirección que pretendías que fuera. Llamas que se apagan o descontrolan, cera que se derrama por los lados de la bandeja…, todo esto puede darte información sobre lo que está pasando mientras el hechizo está activo.

Por ejemplo, si estás haciendo un hechizo de amor y los signos indican que tu amor tardará algún tiempo en activarse, puedes «modificar» la vela para darle a la situación algo más de movimiento o realizar algunos ajustes mágicos para cambiar el rumbo del hechizo. Algunas personas me preguntan si tienen que observar la vela continuamente mientras está encendida. A menos que dispongas de mucho tiempo libre y un carácter meditativo, no es necesario que lo hagas, aunque sí te recomiendo que la vigiles de vez en cuando. Si le preguntas a cualquier hechicero experimentado, te contará historias de bandejas que se han rajado, portavelas de vidrio que han estallado y cosas que se han incendiado. Prioriza siempre la seguridad tanto de ti misma como de tus seres queridos y tu casa teniendo en todo momento la vela al alcance de la vista.

Manipular una vela encendida es un tema controvertido entre la comunidad mágica. Hay mucha gente que cree que, una vez que la vela está encendida, hay que dejar que haga lo que tiene que hacer y no interferir en ella. Según esta opinión, si una vela se apaga... bueno, es señal de que no vas a conseguir lo que has pedido.

No obstante, yo soy partidaria de la actividad mágica, haciendo un especial hincapié en la palabra «actividad». Para mí, es lo más lógico: la magia consiste en transformar o cambiar algo a nuestra voluntad. Entonces, ¿por qué permitir que la vela tome el control de tu destino? Tú eres la que marca el rumbo, el capitán de tu barco mágico. Así que, si una vela se comporta de un modo extraño, toma nota de lo que eso significa, pero atrévete a corregir el rumbo de tu viaje.

También es genial leer la cera después de que la vela se haya consumido. Una de las cosas más maravillosas de los hechizos con velas es que pueden darte información procedente de la dimensión espiritual acerca de lo que debes esperar de tu magia. Los métodos más comunes de interpretar una vela una vez ha terminado el hechizo son la lectura de los restos de cera y la lectura del hollín o las manchas de humo en el recipiente.

Ceromancia o lectura de la cera

La ceromancia consiste en leer los restos de cera mientras la vela está quemando y después de que se haya consumido. Cuanta más experiencia tengas y cuantas más velas hayas quemado, más consciente serás de algo que es realmente inusual. Cuando una vela arde con normalidad, esperamos que el hechizo tenga éxito y obtener los resultados positivos por los que hemos trabajado. Eso sí, la definición de «normalidad» varía en función del tipo de vela que estemos usando. Las velas dispuestas en bandejas o portavelas tienen una forma de interpretarse, y las velas que se queman en el interior de recipientes de otra.

Ceromancia con velas que se sostienen solas dispuestas sobre bandejas o portavelas

En el caso de las velas que se sostienen solas, la cera suele quemarse hasta la bandeja, toda la cera se consume completamente o los restos de cera derretida permanecen dentro de la bandeja, son planos y no queda ningún trozo de pie. Cuando veas algo distinto a esto, significa que tienes un mensaje.

Lectura de formas y símbolos en la cera

La forma más interesante de leer la cera es buscar formas y símbolos en los restos. Al igual que cuando buscamos símbolos en las nubes o leemos las hojas de té, si practicas, puedes llegar a ver de forma bastante intuitiva imágenes en los restos de cera una vez la vela se haya consumido. Busca formas simbólicas e interpreta su significado en relación con tu hechizo. Por ejemplo, si estás haciendo un hechizo de protección y ves la silueta de un perfil, esto podría indicar que hay una persona involucrada en el resultado del hechizo, ya sea una persona viva o un guía espiritual.

También puedes leer los restos de purpurina y hierbas. Busca símbolos y formas significativas en los flujos de purpurina o las hierbas que queden en la cera.

No olvides examinar el «espacio negativo» (término artístico que designa el espacio vacío alrededor y entre el sujeto de una imagen). A veces, las formas y los símbolos en el espacio que queda entre los flujos de cera pueden revelarnos información inconsciente o desconocida sobre nuestro objetivo mágico. Aunque las formas del espacio negativo son siempre siluetas sencillas (por ejemplo, una forma de corazón), pueden tener implicaciones profundas al mostrarnos lo que no sabemos sobre la situación.

Para perfeccionar tus habilidades en la lectura de la cera, empieza buscando formas sencillas. Entrecierra ligeramente los ojos mientras examinas la cera desde todos los ángulos y busca formas significativas en los flujos de cera como harías con las nubes. Para practicar más este tipo de visualización intuitiva, profundiza en el arte de la lectura de las hojas de té y perfecciona tus dotes de interpretación. Consulta el apéndice V para ver una lista de símbolos básicos y sus significados, y en la bibliografía encontrarás algunos libros útiles sobre lectura de las hojas de té que contienen diccionarios de símbolos más extensos.

Sin restos de cera en la bandeja

La ausencia de cera en la bandeja indica que tu hechizo avanzará rápidamente hacia su objetivo sin bloqueos ni interferencias.

Exceso de cera en la bandeja

El exceso de cera es un tema delicado para las velas que se sostienen solas; al fin y al cabo, casi todas las velas de este tipo dejan algo de cera. Yo considero «exceso de cera» una vela que no se ha quemado hasta la bandeja en el círculo alrededor de la mecha. Cuando la vela no se ha quemado del todo, la interpretación más usual es que debemos realizar alguna acción en el mundo material para alcanzar el resultado deseado. Por ejemplo, si estamos haciendo un hechizo para pedir un aumento de sueldo, la acción práctica necesaria podría ser pedirle a tu jefe el aumento o hacer más horas extras.

Flujo de cera y dirección del goteo

El flujo de la cera es otra forma en que la vela puede hablarnos. La cera puede fluir en todas direcciones alrededor de la base de la vela, lo cual es totalmente normal. Si la cera fluye o gotea uniformemente en todas las direcciones, no es necesario tener en cuenta la dirección. Sin embargo, si toda la cera fluye o gotea en una sola dirección o fluye uniformemente en todas direcciones salvo por un largo hilo de cera que fluye en una dirección determinada, podría ser una señal.

En la lectura de velas, la parte superior de la bandeja es el norte, la parte inferior es el sur, la izquierda es el oeste y la derecha, el este. No tienen por qué ser las direcciones de verdad, sino sólo una dirección que atribuimos en relación a la parte delantera de la bandeja donde realizamos el hechizo con velas. La dirección indica las zonas en las que debes fijarte especialmente, y es una de las razones por las que me gusta usar platos y bandejas cuadradas para los hechizos con velas.

Consejo de bruja: cuando hago un diseño o patrón con varias velas, tengo la costumbre de poner algunos talismanes, gemas o raíces grandes delante de la vela (en la dirección sur) para tener siempre clara la orientación de la vela incluso después de que ésta se haya consumido por completo. Si muevo la bandeja, aún puedo ver las gemas, raíces o talismanes, por lo que puedo identificar qué lado de la bandeja es el sur y, por tanto, sé dónde están las otras direcciones y puedo interpretar el flujo de cera.

Flujo de cera en dirección norte, sur, oeste y este

Este

La cera que fluye hacia la derecha de la vela indica nuevos comienzos, trabajo mental y comunicación (escrita, oral, con personas o con espíritus). También indica que el resultado que esperas llegará en el futuro; la longitud del flujo de cera indica el tiempo que deberás esperar para lograr los resultados que deseas. También puede indicar que tendrás nuevas ideas brillantes y momentos de revelación que te ayudarán a consumar positivamente tu hechizo.

Sur

La cera que fluye en tu dirección en tanto espectador o hacia abajo en dirección sur indica pasión, intensidad, lujuria, acción, voluntad y energía. También significa que lograrás el resultado que esperas rápidamente, pero que deberás esforzarte un poco para mantener la nueva situación. Asimismo, puede indicar la llegada de una ráfaga de acción y energía que pondrá en marcha tu hechizo.

Oeste

La cera que fluye hacia la izquierda indica temas espirituales, conciencia psíquica, sueños, el subconsciente, conexiones divinas, guías espirituales, ángeles, santos, deidades y lo sobrenatural. También indica que el resultado final tiene conexiones con el pasado, y que sanar o hacer frente al pasado te ayudará a alcanzar tu objetivo mágico. Igualmente, puede significar que la ayuda espiritual está en camino o que se está produciendo una limpieza de la situación.

Norte

La cera que se aleja de ti al contemplar la vela o en dirección norte indica cuestiones del mundo material, cualidad física, objetos, lugares, el cuerpo, dinero, prosperidad y propiedades. Indica que el resultado estará positivamente influido por el sentido práctico. También puede señalar que el resultado final puede tardar en manifestarse, pero que los resultados serán duraderos.

Las direcciones de la cera también pueden tener gradaciones que incorporen más de una dirección. Si la cera fluye hacia el noroeste (entre el norte y el oeste), puede decirse que el mensaje incorpora elementos tanto del norte como del oeste y, en función de la proximidad a cada una de estas direcciones, puede indicar una mayor influencia de esa dirección.

Pilares de cera

Las gotitas o esquirlas finas de cera que permanecen en pie después de que la vela se haya consumido son una indicación de resistencia o bloqueos. La forma que adoptan estos pilares al final del hechizo puede decir muchas cosas. Si los pilares son altos en relación a la altura original de la vela, pueden indicar la existencia de importantes bloqueos. Los pilares pequeños indican bloqueos pequeños y superables. Si los pilares siguen en pie cuando la vela se ha consumido, indica que los bloqueos siguen activos. Si los pilares se han caído es indicativo de que existían bloqueos, pero que el hechizo los ha conseguido eliminar.

Cuando termines el hechizo, fíjate en los pilares que hayan caído y en los que sigan en pie. Si prestas especial atención a la posición de estos pilares, puedes obtener algunas pistas sobre qué bloqueos han sido eliminados y en cuáles aún tienes que trabajar. En primer lugar, observa en qué cuadrante están. Por ejemplo, si un pilar ha caído en el lado «este» de la bandeja, estarás recibiendo el mensaje de que los bloqueos mentales han sido eliminados. O si ves que un pilar aún sigue en pie en el cuadrante «sur», eso indica que hay bloqueos relacionados con la pasión o la acción que aún debes solucionar.

También puedes fijarte dónde están los pilares en relación con otras velas. Si un pilar se encuentra entre dos velas, puede significar que existe un bloqueo entre lo que esas dos velas representan. Si hay un pilar caído entre ellas, entonces, los bloqueos que existían ya han sido eliminados.

Si utilizas velas de diferentes colores para tu hechizo, fijarte en el color del pilar que sigue en pie o que ha caído y buscar el significado de los diferentes colores, tal y como se describe en el capítulo 2, también puede darte información sobre qué bloqueos se han eliminado y cuáles necesitan atención.

Pilares de cera

La vela se cae

Si la vela se cae sola, primero comprueba si la has colocado correctamente sobre el portavelas o la bandeja y que no esté demasiado cerca de otra vela u otra fuente de calor que la haya ablandado. Una vela que se cae poque no está bien colocada en el portavelas sólo indica que debes tener más cuidado al colocar las velas. En cambio, cuando una vela que estaba bien colocada se cae, yo siempre lo interpreto como si alguien llamara a tu puerta. Indica que debes prestar atención a algo relacionado con el tema de tu hechizo. Puede ser que tu guía espiritual esté tratando de llamar tu atención y que se te esté escapando un mensaje importante. Vuelve a enderezar la vela, enciéndela de nuevo y presta atención a los mensajes que te lleguen relativos al tema de tu hechizo. Si la vela sigue cayéndose sola, es posible que los espíritus quieran decirte algo como: «Prueba un hechizo distinto para este problema».

El portavelas de vidrio o la bandeja de cerámica se rajan o explotan

Una vela cargada con un exceso de hierbas secas con hojas o pétalos puede crear una peligrosa llama que se caliente hasta el punto de agrietar una bandeja o un tarro o incluso provocar que un tarro de vidrio acabe explotando. Por supuesto, puedes evitar que eso suceda siendo minimalista en la aplicación de cualquier material «extra» inflamable, como hierbas o papeles de petición.

Ahora bien, si una vela que ha sido ritualizada con una cantidad mínima de hierbas y aceites agrieta un tarro o una bandeja, eso puede indicar que alguien está impidiendo que obtengas el resultado que deseas. Haz un hechizo de limpieza con velas (por ejemplo, uno de purificación energética con un velón) y un hechizo de protección (los de protección poderosa con un velón son ideales para esto) y luego vuelve a probar tu hechizo con la vela original. Sin embargo, si el objetivo de tu hechizo consiste en disipar, revertir o separar algo o alguien y el vidrio o bandeja vuelve a agrietarse, significa que la persona o la energía ha sido expulsada o que los lazos entre las partes involucradas se cortarán de una forma espectacular.

Efecto túnel

El efecto túnel se produce cuando las velas se queman alrededor de la mecha y dejan un cráter o «caparazón» de la vela original. La mayoría de las velas decorativas de gran tamaño están diseñadas para quemar formando un túnel central, de ese modo puede verse el resplandor de la llama a través de los lados de la vela mientras ésta se quema. El efecto túnel no intencionado se produce cuando la mecha es demasiado fina o no es del tipo adecuado para la vela. Si tu vela está diseñada para arder completamente y ya has quemado otras velas del mismo fabricante y no has tenido ningún problema con el efecto túnel, entonces, puedes estar segura de que estás ante una señal.

La vela sólo quema por un lado y efecto túnel

El efecto túnel indica la presencia de un muro o de asuntos pendientes en el tema del hechizo. Puedes averiguar en qué zona existen estos muros fijándote en las partes de la vela que permanecen sin quemar. La parte frontal de una vela figurativa significa que los bloqueos son externos, mientras que la posterior indica que los bloqueos son subconscientes. También suelo fijarme si hay zonas simbólicas de la vela que permanecen intactas. Por ejemplo, si quemo una vela con forma de calavera y queda la boca, lo interpreto como una señal de que los muros tienen que ver con la comunicación. Si la parte posterior de la calavera sigue intacta y erguida, significa que el objetivo tiene cosas en el fondo de su mente que le impiden sincerarse. Si el túnel es más alto por un lado, también puedes fijarte en si la parte más alta está orientada en una dirección (norte, sur, este u oeste) e interpretarlo como que la resistencia es mayor alrededor de estas zonas.

La vela se consume sólo por un lado

Si la vela arde sólo por un lado, puede deberse a una corriente de aire que sopla desde el lado opuesto, a una mala colocación de la mecha o que el fabricante ha utilizado una mecha del tamaño incorrecto. Si no se da ninguno de estos casos, fíjate en la dirección (norte, sur, este u oeste) en la que se encuentran los restos de la vela para interpretar el tema inacabado, la resistencia o el bloqueo.

La cera se derrama por el lateral del portavelas o la bandeja

Si la cera de la vela se derrama por el lateral de la bandeja o plato, podría deberse a que el plato es demasiado pequeño para contener la cera. Sin embargo, si la bandeja es del tamaño adecuado y observas flujos inusuales de cera por el lateral de la bandeja o el plato, esto podría indicar un exceso de expresividad; mi consejo es que contengas un poco tus palabras, ideas o emociones para potenciar el resultado de tu hechizo. Observa también en qué dirección fluye la cera (norte, sur, este u oeste), ya que esto podría darte algunas pistas.

Ceromancia con velas en recipientes de vidrio

Cuando hablamos de ceromancia, las velas en recipientes de vidrio tienen menos elementos que leer comparadas con las velas sobre bandejas. Con este tipo de velas, la lectura de la cera suele ser más sencilla: o la cera se consume completamente o no lo hace. También puedes leer cualquier resto de cera, además de las hierbas y purpurina, para descifrar mensajes más simbólicos sobre tu hechizo.

Sin cera en el fondo del vaso

Idealmente, las velas en recipientes de vidrio deben consumirse completamente. La cera que se ha quemado del todo indica que no debes realizar ninguna acción material o esfuerzo adicional y que tu actividad mágica es suficiente para que las cosas se muevan rápidamente y sin obstáculos hacia el resultado que deseas.

Cera en el fondo o en el lateral del vaso

Cuando queda cera en el fondo o en el lateral del recipiente de vidrio, significa que debes realizar una acción material para obtener el resultado deseado. Por ejemplo, si hay un exceso de cera en un hechizo para pedir un Trabajo Estable, es posible que tengas que rellenar más solicitudes o revisar el currículum. Cuanta más cera quede, más acciones y esfuerzo serán necesarios.

Lectura de formas y símbolos en el vaso

También se pueden leer símbolos en los restos de una vela en recipiente de vidrio. La cera, las hierbas, la purpurina y el hollín pueden crear formas que pueden interpretarse de la misma manera que se leen las hojas de té en una taza. Asegúrate de buscar formas tanto en los restos como en los espacios vacíos que quedan entre los restos. Cuando reconozcas estas formas, puedes buscar su significado simbólico en una lista de símbolos espirituales. En el apéndice V encontrarás una lista con los más habituales. También puedes buscar significados simbólicos en un diccionario de sueños o en un libro de lectura de hojas de té.

Piromancia o lectura de la llama

La piromancia es la interpretación del fuego y, en el caso de la magia con velas, específicamente la llama de la vela. La lectura de la llama puede resultar una experiencia mística. Una forma muy antigua de leer la llama de una vela es entrar en un estado de trance mientras se la contempla fijamente en una habitación oscura. Si esperas el tiempo suficiente para entrar en trance, empezarás a ver imágenes en la llama que posteriormente podrás interpretar con ayuda de un listado de símbolos como el que encontrarás en el apéndice V.

Al leer la llama, es importante tener en cuenta los efectos de las corrientes de aire sobre la vela. Las corrientes de aire producidas por puertas, ventanas, rejillas de ventilación, aires acondicionados y calefactores pueden hacer que la llama se mueva o que sólo queme un lado de la vela. Si notas algo raro en la llama, mueva la vela a otra habitación o a otra parte de la habitación para comprobar si sigue comportándose del mismo modo. También puedes encender otra vela y colocarla cerca de la vela original para observar si ambas velas arden igual o no.

La llama arde de forma uniforme y estable

La llama de una vela debe ser fuerte y estable. Lo ideal es que tenga una altura aproximada de unos 12 mm, que arda a un ritmo uniforme y que la llama en sí se mantenga tranquila y estable. Una llama que arda de este modo indica que los resultados del hechizo serán positivos.

La llama es demasiado alta

Cuando la llama es demasiado alta es señal de que las emociones o la situación está fuera de control. Recortar la mecha para que recupere una altura normal es un acto voluntario para «calmar los ánimos» de la situación, es decir, reconocer que algo se nos está yendo de las manos y ser conscientes de que tenemos la capacidad de volver a poner las cosas bajo control.

Una llama de tamaño adecuado debe tener una altura aproximada de unos 12 mm. Si la llama de tu vela está ardiendo demasiado alta, apágala, recorta la mecha con unas tijeras corta mechas o unas normales hasta dejarla en unos 6 mm y vuelve a encenderla. Una mecha de 6 mm debería hacer que la llama volviera a ser controlable. Las llamas que arden demasiado alto también suelen crear hollín en las paredes del tarro de vidrio o del vaso del velón, haciendo que la lectura de los restos no resulte fiable.

Si trabajas con algún espíritu, deidad o ancestro, una llama que de repente empiece a arder demasiado alto puede indicar la presencia de dicha entidad.

La vela arde demasiado rápido

Si la llama de una vela es más alta de lo normal, probablemente la vela también arderá demasiado rápido. Las velas que arden rápido pueden indicar que una situación determinada está avanzando demasiado rápido. Aunque algunas personas prefieren obtener resultados inmediatos, las resoluciones apresuradas indicadas por una combustión rápida pueden producir resultados que no son duraderos. Puedes corregir el hechizo recortando la mecha para dejarla en unos 6 mm de altura. Las velas que arden demasiado rápido también pueden representar un problema si necesitas quemar dos velas al mismo ritmo. Por ejemplo, si estás quemando dos velas figurativas para un amarre de amor, lo ideal es que las dos ardan a la par. Para empezar, te recomiendo que, si vas a usar dos velas para representar a los amantes, las compres del mismo fabricante, pues será mucho más probable que ardan al mismo ritmo. Si una se quema mucho más rápido que la otra, puedes apagarla antes y dejar que la más lenta se ponga a su nivel. En un caso como éste, en el que las velas representan a dos personas distintas, indicaría que una de ellas tiene emociones más intensas que la otra, por lo que es más probable que tome decisiones precipitadas o se canse de la relación antes. Recorta la mecha de la vela que arde más rápido; cuando la vuelvas a encender, asegúrate de que no lo siga haciendo.

La llama es muy débil

Una llama débil indica que no hay suficiente energía pura o voluntad enfocada en la dirección del hechizo. A menudo, una llama débil es un indicador de intenciones vacilantes del tipo: «Quiero un coche nuevo, pero ¿cómo voy a pagarlo?».

Para los espiritistas y los cazafantasmas, una llama que baja de repente puede indicar la presencia de espíritus en la habitación. Recorrer distintas habitaciones con una vela en la mano para ver si la llama se atenúa es un método muy antiguo de comprobar si hay fantasmas en zonas concretas de una casa.

La llama a veces es fuerte y a veces débil

Una vela que alterna entre una llama fuerte y brillante y una baja y débil indica mal humor, sentimientos contradictorios, ciclos de baja y alta motivación o una tendencia a las emociones frías y calientes.

La vela arde muy despacio

Del mismo modo que una vela puede arder demasiado rápido, también es posible que arda con demasiada lentitud. A menos que estés quemando más de una vela del mismo tipo al mismo tiempo o que hayas usado antes muchas velas del mismo tipo, es difícil saber si una vela arde más despacio de lo normal. Una de las formas más evidentes de detectar una combustión lenta es una vela que parece haber llegado al fondo del tarro de vidrio o de la bandeja, pero que sigue ardiendo sin parar. Las combustiones lentas indican que el hechizo puede tardar más de lo normal en producir resultados. Por otro lado, también puede significar que una vez hayas logrado el resultado que deseas, éste será duradero y productivo durante mucho tiempo.

La llama se apaga

Si la llama de tu vela se apaga, pero la mecha sigue erguida y visible, primero comprueba si hay una corriente de aire que pueda haberla apagado o si alguien de la casa ha apagado la vela sin avisarte. Si puedes descartar estas causas naturales o no estás segura, vuelve a encender la vela. Si vuelve a apagarse, es el Universo diciéndote «ahora no». Si la enciendes un total de tres veces y se apaga cada vez, la respuesta al objetivo de tu hechizo es un «no» rotundo. No desesperes. Empieza otro hechizo con un nuevo objetivo. Por ejemplo, si estabas haciendo un hechizo para que Juan Pérez se enamore de ti y la llama se ha apagado sola tres veces, empieza un nuevo amarre para atraer a tu pareja perfecta sin especificar que su nombre es Juan Pérez. Esta negativa puede ser la manera que tiene el Universo de decirte que hay alguien mucho mejor para ti ahí fuera.

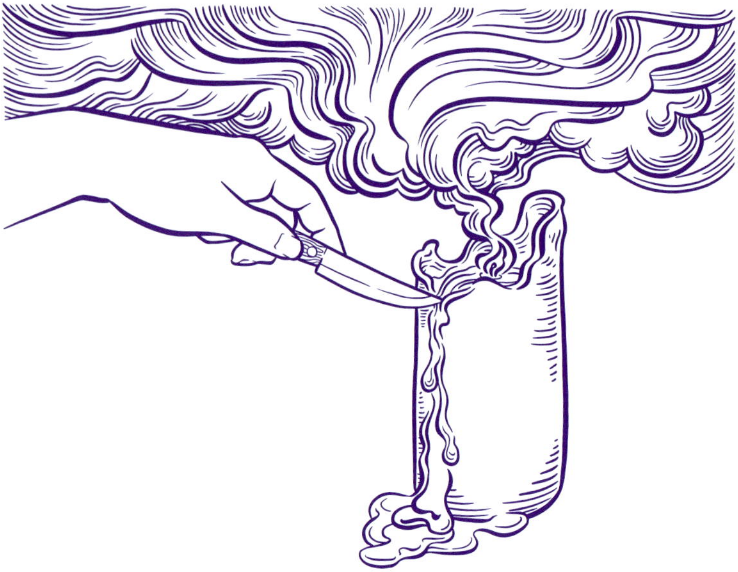

Practicando surcos en el lateral de una vela

La llama se ahoga en la cera

Las llamas pueden «ahogarse» en la cera; es decir, la mecha puede apagarse porque hay demasiada cera derretida acumulada. Desde un punto de vista espiritual, una vela que se ahoga puede indicar que no hay suficiente fuego, pasión o motivación respecto al tema en cuestión o que alguien se está ahogando en su tristeza.

Desde una perspectiva práctica, esto sucede cuando la vela sufre el efecto túnel o tiene una mecha demasiado pequeña para el diámetro de la vela. Si te pasa esto con una vela, enciende otra vela idéntica para comprobar que no sea un problema de fabricación.

Si la mecha de tu vela de pilar o figurativa se ahoga, te recomiendo que practiques surcos en los laterales de la vela para permitir que la cera fluya hacia la bandeja y vierta el exceso de cera.

La mecha desaparece

Hay ocasiones en que parece que la mecha de una vela desaparece por completo antes de que la vela termine de consumirse. Si tu vela se apaga antes de llegar al fondo y no ves la mecha, puede tratarse de un error de fabricación o de un defecto en la cera.

Una mecha que desaparece indica un aletargamiento extremo en torno a tu intención mágica y la necesidad de introducir algo más de pasión, entusiasmo, energía o movimiento. Es una resistencia, pero una provocada por el malestar, la indiferencia o la pereza en lugar de una lucha activa en contra de un objetivo.

Cuando esto ocurre, la solución consiste en ayudarla a arder añadiendo una nueva mecha auxiliar. Haz un pequeño agujero en el centro de la vela con ayuda de un punzón, un palillo metálico o una aguja de hacer punto, e inserta un pequeño trozo de mecha (ahora es cuando puedes utilizar los pequeños trozos de mecha que has ido recortando de las velas nuevas antes de encenderlas por primera vez). La nueva mecha sólo tiene que sobresalir de la vela unos 6 mm; si puedes introducirla en la vela al menos unos 6 mm, no tendrás problemas para volver a encenderla. Una vez la vela empiece a arder de nuevo, puedes usar una herramienta para velas para escarbar en el charco de cera derretida y ver si puedes encontrar la mecha original. A veces ésta aparece después de introducir la mecha auxiliar, e incluso puede volver a encenderse de forma espontánea. Si esto ocurre, es posible que se cree una doble llama; ella, no obstante, no debe interpretarse necesariamente de forma simbólica, ya que simplemente se debe a la presencia de las dos mechas en el interior de la vela.

Añadiendo una nueva mecha

Algo se quema

Otra cosa que suele suceder es que se queme algo aparte de la mecha, y ése es el motivo por el que siempre hago un especial hincapié en la seguridad cuando hablamos de magia con velas. Asegúrate de estar cerca de la vela en todo momento para poder apagar cualquier conato de incendio; estar despierto y en casa es esencial para la seguridad.

Las hierbas pueden incendiarse, los papeles de petición pueden prender fuego e incluso los trocitos chamuscados de mecha que se acumulan al fondo del vaso de un velón o de un tarro de miel pueden arder de forma descontrolada.

Lo primero es lo primero: si algo está quemándose sin control, sofoca el fuego. Si realmente está ardiendo sin control, ¡utiliza un extintor! Analiza el problema. ¿Existe una razón mundana que explique por qué estaba ardiendo de forma descontrolada? Alguna vez he comprado unas velas preciosas hechas por profesionales increíbles a los que respeto y admiro que tenían unas siete capas maravillosas de hierbas y aceites. Aunque este tipo de producto quede muy bien en las redes sociales, puede representar un problema cuando la vela se consume y lo único que queda son materiales inflamables. ¿Tu papel de petición tiene el tamaño de una novela y lo has puesto directamente debajo de la vela? *Mejor* será que lo coloques debajo de la bandeja si no quieres que la vela se convierta en una pira. Analiza las causas prácticas que han provocado que tu hechizo acabe chamuscado. Si ha sido porque te has emocionado añadiendo elementos inflamables a tu vela, achácalo a la falta de experiencia y repite el hechizo de una manera más moderada y controlada.

Si no encuentras ninguna razón mundana que lo explique, entonces, es que tienes un mensaje espiritual que debes tener en cuenta. Las cosas que arden sin control representan un tema que está fuera de control. ¿Hay implicadas emociones fuertes? ¿Ira? ¿Sentimientos destructivos? ¿Necesitas «quemar» algo antes de manifestar aquello que deseas? Te recomendaría que repitieras el hechizo, pero con un tipo de magia más anclada en la tierra. Haz un hechizo de limpieza antes de repetir el hechizo e incorpora a tu magia gemas y raíces, ya que ambos elementos ayudan mucho a anclarnos.

«Nudos» en la mecha

Las protuberancias negras de aspecto bulboso que aparecen en la mecha a medida que la vela se consume se llaman «nudos», ya que se parecen a los nudos de las ramas de un árbol o como si le hubieran hecho un nudo a la mecha. Estas protuberancias en forma de hongo son el resultado de la acumulación de carbono en la mecha a medida que ésta se quema. Deberían irse recortando según van apareciendo con la ayuda de unas tijeras corta mechas o unas normales. En las velas en recipientes de vidrio, estos nudos de carbono pueden producir hollín y humo y provocar innecesarias interpretaciones negativas en la lectura de una vela.

Espiritualmente, los nudos de la mecha indican que algo está «atado» a la intención de tu hechizo, algo que puede interferir en el objetivo que deseas lograr a menos que hagas algo para desatarlo. He descubierto que, por lo general, el problema reside en nuestros propios pensamientos o creencias respecto al hechizo. Por ejemplo, si quemas una vela para pedir un nuevo amor, un nuevo trabajo o una nueva casa, pero la mecha no deja de crear nudos mientras está encendida, te recomiendo que compruebes tus pensamientos o creencias respecto a tu capacidad de atraer ese amor/trabajo/casa y toma las medidas necesarias para deshacerte de cualquier pensamiento inhibidor.

El parloteo de las llamas

Interpretar el parloteo de las llamas es una de mis actividades favoritas de la lectura de llamas. Las llamas emiten distintos sonidos: castañeteos, estallidos, crepitaciones o silbidos. Un lector de velas experto con el don de la clariaudiencia (capacidad para oír mensajes de guías espirituales o del Espíritu) puede incluso entrar en trance y traducir los mensajes del Espíritu en relación con tu hechizo.

A veces este castañeteo puede provenir de las hierbas, como las bayas de enebro, que estallan cuando se queman, o de una vela mal hecha cuya cera se ha mezclado con gotas de agua durante el proceso de fabricación. Si usas hierbas que has utilizado anteriormente y una vela bien hecha, ha llegado el momento de prestar atención. Incluso un lector de velas novato puede interpretar el nivel de parloteo y su posible significado.

Parloteo suave e infrecuente

Mensajes secretos, conversación íntima, pensamientos puros, dulces palabras de amor de tus guías o tu objetivo.

Parloteo ligero pero frecuente

Mensajes importantes, preceptos divinos, información abundante, tus guías o tu objetivo tienen muchas cosas que decirte.

Estallidos y crepitaciones fuertes y frecuentes

Desacuerdos, discusiones, advertencias severas, tus guías o tu objetivo te está diciendo: «¡Presta atención!».

Cuando recibas mensajes audibles, mira las otras señales de la lectura de velas para determinar la naturaleza del mensaje; y lo que es aún más importante, permanece atento a mensajes similares que puedas recibir por otros canales y determina lo que el Espíritu está tratando de decirte.

Llama parpadeante

Una llama parpadeante, saltarina o danzarina (sin una corriente de aire que la provoque) es una indicación de que los guías espirituales están alentando e influenciando el hechizo positivamente. Lo mismo es aplicable a los hechizos que lanzas sobre ti misma. Si la llama parpadea, los cambios que deseas ya han empezado a producirse. Si el movimiento es intenso o errático, podría indicar que el camino para alcanzar tus objetivos puede ser un poco caótico.

Llama doble

Las llamas dobles se producen cuando los nudos de la mecha se rompen, cuando la mecha auxiliar y la mecha original están ardiendo al mismo tiempo o cuando las hierbas que has añadido a la vela se queman. Si la doble llama no responde a ninguno de estos tres motivos, puede indicar separación, división o dos fuentes o puntos de atracción en el hechizo que tienes entre manos. Si estás centrándote en un objetivo, esa persona te está devolviendo la misma energía. También puede indicar un problema con una «llama gemela»; es posible que tengas que llevar a cabo algún tipo de acción adicional para reconciliar las dos entidades. Si el hechizo con vela es para pedir una reunión o reconciliación, dos llamas pueden indicar una separación temporal o permanente. Observa si las llamas vuelven a unirse (o ayúdales a que lo hagan) para animar a la pareja a estar junta.

Llamas de colores

Una llama de un color que no sea el amarillo y el naranja suele ser el resultado de la combustión de algún material adicional en la vela que crea ese color. Sin embargo, las llamas de colores que no tienen una fuente física son muy mágicas pues son un mensaje del Espíritu sobre la naturaleza de tu hechizo. Busca el significado del color e interpreta lo que significa en función del tema de tu hechizo.

Chispas

Pueden producirse chispas cuando hay material inflamable en el charco de cera. Objetos como mechas quemadas y puntas de fósforos pueden crear chispas, lo que puede resultar peligroso si prenden fuego a algo (otro gran motivo para tenerlas siempre al alcance de la vista). Una vela que produce chispas sin la presencia de materiales inflamables es un indicador de que los destellos de ideas intuitivas aportarán soluciones a tus problemas.

La llama no se apaga

Si no consigues apagar una vela tras intentarlo varias veces es que se trata de una vela que no quiere extinguirse. Una vela que se resiste a apagarse nos está diciendo que aún no hemos terminado nuestro trabajo. Considera la posibilidad de llevar a cabo alguna otra acción mágica que refuerce tu intención como, por ejemplo, darte un baño de limpieza, llevar encima una bolsa de amuletos o añadir algo a tu petición. Utiliza algún método de adivinación (un péndulo, por ejemplo) que te ayude a descubrir qué actividad espiritual adicional debes realizar.

Llamas que se desvían o se atraen

Si una llama se desvía, primero comprueba si hay alguna corriente de aire en la habitación que pueda estar provocándolo o fíjate en las velas situadas alrededor de la vela que arde torcida. La llama de una vela que se desvía alejándose de otra indica que la energía de una vela quiere «huir» de la otra. Si, por el contrario, la llama se inclina hacia otra llama, indica atracción.

En los hechizos en que las velas representan personas, esto puede significar que los sentimientos de la persona se acercan o se alejan del objetivo o de la otra persona. Si las velas representan intenciones distintas (por ejemplo, una vela para pedir prosperidad y otra para pedir éxito), es posible que sean incompatibles entre sí (si se desvían en la dirección contraria) o que deban compatibilizarse de una forma más sincera (si se inclinan la una hacia la otra).

La llama de una vela se inclina en una dirección determinada

En el caso de las llamas que se inclinan en una dirección determinada, personalmente tiendo a leerlas exclusivamente siguiendo los puntos cardinales (y no tomando como referencia los cuatro lados de la bandeja). Siempre que veas que la llama se inclina en una dirección, y no haya una corriente de aire, coge una brújula para descubrir lo que tus guías espirituales intentan decirte.

Este

Una llama que se inclina hacia el este indica ideas inspiradas y la llegada de mensajes orales o escritos para ayudarte a conseguir tus objetivos. Si el hechizo es sobre otra persona, puede significar que esa persona está pensando en ti.

Sur

Una llama que se inclina hacia el sur indica que las acciones apasionadas y la energía optimista te llevarán en la dirección correcta. El fuego de la pasión está ardiendo con fuerza y puedes aprovecharlo para conseguir lo que deseas.

Oeste

Una llama que se inclina hacia el oeste te indica que confíes en la ayuda espiritual y las sincronicidades que fluirán en tu dirección. Para obtener los mejores resultados, confía en las emociones comedidas y la intuición.

Norte

Una llama que se inclina hacia el norte indica que debes aprovechar las oportunidades prácticas que se te presentarán. Los resultados llegarán a un ritmo lento y constante, y presenciarás manifestaciones concretas.

Capnomancia o lectura del humo

La capnomancia es el arte de la lectura del humo y puede realizarse mientras la vela está encendida o, en el caso de las velas en recipientes de vidrio, después de apagarla. La vela ideal debería desprender poco o ningún humo mientras arde. Un exceso de humo puede ser un indicio de que la vela está mal hecha, de que tiene demasiadas hierbas, aceites u otros elementos añadidos o de que la mecha tiene que recortarse porque es demasiado larga o tiene carbón acumulado.

Si has solucionado todas o algunas de estas causas mundanas y sigues viendo humo, es que ha llegado el momento de la capnomancia. Una de las formas más místicas de hacer una lectura de humo es inducir un estado de trance y observar las formas que adopta para detectar imágenes simbólicas e interpretar el significado de esos símbolos, aunque existen otras maneras de enfocar la lectura del humo que no requieren de este nivel de habilidad.

Dirección del humo de las velas

Cuando la vela esté encendida, comprueba la dirección en la que fluye el humo. Al igual que la llama de una vela, el humo que se desplaza en una dirección determinada puede indicar la presencia de una corriente de aire en la habitación. Pero si no hay ninguna corriente de aire, presta atención a la dirección en la que se desplaza el humo. Utiliza una brújula para determinar la dirección del humo.

Este

El humo que se desplaza hacia el este indica que para obtener los mejores resultados debes aplicar la lógica y que el futuro depara resultados positivos.

Sur

El humo que se desplaza hacia el sur indica que es el momento de que emprendas acciones creativas para alcanzar tus objetivos y atraer algo a tu vida.

Oeste

El humo que fluye hacia el oeste significa que la oración, la meditación o la actividad espiritual en torno al tema del hechizo traerán buenos resultados; además, revisar, reelaborar o arreglar algo de tu pasado te ayudará a alcanzar tu objetivo.

Norte

El humo que se desplaza hacia el norte indica que el trabajo diligente, práctico y progresivo hacia tu objetivo dará resultados y que debes eliminar cierta negatividad para alcanzar el éxito.

Lectura del hollín

Las manchas de humo en los vasos de vidrio también pueden leerse mientras la vela está encendida o una vez se ha consumido. Antes de evaluar si el hollín tiene un significado espiritual, primero comprueba que el hollín no se esté acumulando en exceso. El humo suele estar provocado por velas de mala calidad con fragancias baratas, mechas inadecuadas o cera adulterada. También puede deberse a mechas que han acumulado carbono o que no se han recortado. La mayoría de las veces, son velas que han sido aderezadas con demasiado aceite, fragancias o hierbas. Asegúrate de haber tenido todo lo anterior en cuenta antes de levantar las manos y exclamar: «¡El hollín es algo natural!». El hollín que aparece a pesar de nuestros mejores esfuerzos por mantener a raya todos estos factores es una señal de problemas espirituales en torno al hechizo.

Un hollín muy oscuro que bloquea la luz de la vela a través del vidrio indica bloqueos espirituales en tu intención. La densidad del hollín es proporcional al nivel del bloqueo: una ligera capa gris oscura que deja pasar la luz indica pequeños bloqueos que, aunque molestos, se pueden superar; sin embargo, un hollín negro, denso y espeso que no deja pasar la luz indica obstrucciones importantes que pueden requerir algún tipo de limpieza adicional.

Un recipiente con hollín no es motivo para desesperarse. Si el vidrio se aclara al mirar por los lados del recipiente, significa que las obstrucciones pueden eliminarse. El tamaño de la mancha de hollín indica el tiempo que tardarás en eliminar el bloqueo. Por ejemplo, un vaso con una mancha de hollín negro de unos 2 cm desde el borde del recipiente indica que el problema puede resolverse bastante rápido con algún tipo de ritual de limpieza espiritual. Si la mancha de hollín es más densa y llega casi hasta la base del vaso, entonces deberás dedicar algo más de tiempo a la limpieza del bloqueo espiritual antes de que las cosas empiecen a avanzar. Una vela que está completamente negra de arriba abajo es un «no» rotundo del Universo; en estos casos te recomiendo que te enfrentes al problema desde un ángulo diferente o que hagas otro tipo de hechizo. Por ejemplo, en lugar de hacer un hechizo de reconciliación, haz uno para encontrar una nueva pareja (incluso mejor) o haz algún ritual de limpieza espiritual enfocada para deshacerte de toda la mugre espiritual negativa.

Manchas densas pero aisladas de hollín en las paredes del recipiente indican creencias que te impiden alcanzar tu objetivo. Es posible que una actitud demasiado exigente contigo misma, la falta de confianza o la sensación de no ser merecedora de algo estén entorpeciendo el hechizo. El tamaño de la mancha indicará la gravedad del problema que plantean estos sentimientos y creencias.

Si el hollín es muy denso, deberás llevar a cabo algún tipo de acción en el reino espiritual. Tienes un par de opciones: repite el hechizo desde cero, lo que en la mayoría de los casos será suficiente para resolver los bloqueos menores. Para bloqueos mayores o problemas de larga duración, te recomiendo que primero quemes una vela de purificación energética, eliminar bloqueos, despejar el camino o cualquier otra vela ritualizada para eliminar bloqueos espirituales; cuando esta vela de limpieza espiritual se haya consumido completamente sin dejar ningún rastro, enciende otra vela para tu intención original.

Si lo deseas, también puedes hacer otro tipo de limpieza para potenciar tu hechizo. Darte una serie de tres, siete, nueve o trece baños de limpieza con sales de baño ritualizadas o con sales de Epsom y sal marina más unas gotas del aceite espiritual adecuado puede eliminar los bloqueos que te rodean; este tipo de limpieza también es especialmente eficaz para liberarte de creencias negativas.

A veces aparecerá un hollín gris pálido o blanco en las paredes del recipiente donde estés quemando la vela. Eso indica que tus guías espirituales están contigo en este tema y que les gustaría ayudarte a superar tu problema. Si aún no has establecido una conexión con tus guías espirituales, hazlo a través de la oración, la meditación, una sesión con una médium o creando un altar para tus guías espirituales. Pídeles ayuda y descubre lo que pueden hacer por ti.

12

Añade algo de picante a tus rituales

Aunque un hechizo con velas puede hacerse en cualquier lado, a algunas personas nos encantan los grandes números musicales de Broadway y tenemos visiones de hechizos espectaculares y fabulosos. Necesitamos algo más.

Altares

Los altares son espacios sagrados reservados donde practicar tu magia. Pueden ser interiores o exteriores, y tan grandes y elaborados como una gruta, un santuario o una habitación entera llena de mesas y estatuas, o tan discretos y reservados como el alféizar de una ventana, una mesita auxiliar o una estantería. Ninguna de estas opciones es mejor que otra; sólo depende de lo que sea más práctico y te guste más.

La razón por la que construimos un altar es la de reservar un espacio para llevar a cabo nuestra actividad mágica. Del mismo modo que un escritorio es un espacio reservado para escribir o hacer los deberes, un altar nos ayuda a concentrar la atención en el hechizo que tenemos entre manos. Aunque es perfectamente posible hacer un hechizo con velas y ponerlo sobre la mesa de la cocina (y cuando queremos que el hechizo pase desapercibido, lo mejor es ubicarlo en las partes más mundanas de la casa), la creación de un altar nos permite añadir muchos más elementos mágicos de apoyo a nuestro hechizo.

Si puedes, elige una habitación donde la magia sea más eficaz. Los dormitorios son excelentes para hechizos de amor y fertilidad, las cocinas para los que están relacionados con la familia y la prosperidad, los cuartos de baño para los hechizos de limpieza y liberación, y las salas de estar para la actividad con antepasados, por ejemplo.

La principal preocupación a la hora de crear un altar para los rituales con velas debe ser la seguridad. Adornar un altar para velas en una mesa auxiliar con telas colgantes, coloridas hojas otoñales o papeles sueltos y fotografías puede resultar estéticamente agradable, pero todos estos elementos pueden incendiarse fácilmente.

El altar ideal debe estar hecho de piedra o baldosas cerámicas. La piedra y el azulejo son resistentes, no son inflamables y no conducen el calor como lo hace el metal. Un trozo de granito o mármol o un salvamanteles cerámico colocado sobre una mesa evita que las velas prendan fuego a otros elementos, es mucho más fácil de limpiar que un mantel y evita que la madera se manche o se queme.

Colocar estatuas, figuras y cuadros enmarcados en los altares puede resultar estéticamente agradable, además de conectar tu actividad mágica con deidades, ancestros, animales espirituales, ángeles u otros espíritus importantes.

También puedes colocar en el altar, junto a las velas, los talismanes más valiosos, en lugar de ponerlos directamente en la bandeja de hechizos. De este modo se llenarán menos de cera y no tendrás que limpiarlos tan a menudo. Consulta el apéndice IV para ver ejemplos de talismanes.

Las gemas y los cristales pueden colocarse en los altares para ser bendecidos, al tiempo que aportan energías adicionales y ayuda a tu hechizo. Consulta el apéndice II para encontrar algunos ejemplos de gemas y sus usos mágicos.

Las ofrendas a diosas, dioses, ancestros, santos, ángeles, espíritus y elementales también pueden colocarse en el altar para invitarlos a que apoyen tu trabajo. Las ofrendas más habituales son alcohol, fruta, flores, caramelos, tabaco, pan, pasteles y dinero.

También se pueden añadir objetos naturales como plumas, conchas, piedras, piñas, bellotas y ramas para fortalecer tu magia. Asegúrate de colocar los objetos inflamables a una distancia segura de las velas. En el apéndice III encontrarás algunos ejemplos de conchas y sus usos mágicos, y en el apéndice IV ejemplos de talismanes naturales.

Objetos ceremoniales o mágicos, como cálices, incensarios, campanas, varitas, athames, calderos o morteros, pueden añadirse al altar y cargarse con la energía espiritual del hechizo o usarse para reforzarlo.

Las herramientas que se usan en los rituales, como cerillas, apagavelas, herramientas para tallar la cera, aceites, grimorios e incienso, pueden guardarse en el altar o cerca de él para que se potencien mágicamente mientras no las usas. Pueden colocarse en el altar sin más o en recipientes atractivos para acceder a ellos más fácilmente y realzar la belleza del altar.

También puedes añadir elementos acuáticos como un vaso de agua mineral o una pequeña fuente de mesa para atraer a los espíritus y energías acuáticas.

Puedes colocar un mantel debajo de la losa de piedra para convertir el espacio en sagrado y separarlo del resto de elementos mundanos de la habitación. Si usas un mantel de altar sobre la mesa, coloca la vela sobre un salvamanteles o una baldosa para separarla del mantel.

Al crear un altar, puedes colocar los elementos en la disposición que te resulte más placentera para la vista o puedes crear un entorno formal siguiendo los dictados de tu propio camino espiritual.

Los altares pueden instalarse en muchos lugares de la casa o del espacio de trabajo. Por ejemplo, una mesa auxiliar, una consola, la repisa de la chimenea, el alféizar de una ventana (asegúrate de que no haya cortinas cerca que puedan provocar un incendio), una mesilla de noche o la parte superior de una cómoda. Si puedes quemar velas en tu trabajo, la esquina de un escritorio o la parte superior de un archivador pueden hacer las veces de altar. Piensa de forma creativa en los espacios que puedes utilizar como altares y encontrarás muchas opciones tanto donde vives como donde trabajas.

Ritual

El ritual es una parte muy importante de la vida espiritual, ya que nos permite dejar atrás lo mundano y adentrarnos en estados alterados de la conciencia donde somos capaces de conectar con el mundo espiritual. Allí, la magia es posible y nuestros hechizos adquieren una carga extra. Los rituales permiten que la mente viaje a otros lugares, y los rituales espirituales en particular nos permiten penetrar en estados liminales donde podemos transformar la realidad en el ámbito espiritual.

Una de las ventajas de practicar una religión es que todas las religiones incluyen un elemento de ritual. Incluso las personas no religiosas tienen rituales: tradiciones familiares, desfiles en festividades, tartas de cumpleaños, saludos y despedidas..., todas estas cosas incorporan algún elemento ritualizado.

Lo más importante de los rituales es que, después de repetirlos muchas veces, llega un momento en el que ya no tenemos que pensar en los pasos. Podría compararse al hecho de estrechar la mano de alguien de forma automática antes de una reunión de negocios; se trata

de un ritual que nos permite concentrarnos en otras cosas (como, por ejemplo, recordar el nombre de la persona).

Si ya eres una persona espiritualmente activa, lo más probable es que ya tengas algunos rituales (como rezar, por ejemplo) que puedes incorporar a tus hechizos con velas, o puede que tengas algún ritual con velas que puedes adaptar a tu actividad mágica. Te animo a que crees tus propios rituales. Obviamente, puedes encender una vela para lanzar un hechizo sin ningún tipo de ritual y obtener buenos resultados, pero si realmente quieres entrar en la dimensión de la magia, prueba algunos rituales en tus hechizos con velas; comprueba lo que funciona y lo que no y quédate con las cosas que hacen brillar tu magia.

Todo buen ritual necesita un principio, una fase intermedia y un desenlace. La preparación sirve para señalar que estamos abandonando el mundo material y entrando en el espacio donde toda tu atención estará centrada en la magia. La fase intermedia es donde tiene lugar la magia y el desenlace representa la salida del espacio sagrado y el retorno al mundo real. A continuación, encontrarás algunos ejemplos de cosas que puedes incorporar en tus rituales mágicos con velas:

Preparación del ritual

- Ayuno o alteración de la dieta
- Acopio del material
- Preparación y disposición del altar
- Engalánate para la ocasión
- Purifícate
- Purifica el espacio (con incienso o spray)
- Pon música (puede ser grabada, pero también puedes tocar un instrumento)
- Muévete (danza, gestos significativos, yoga)

- Medita (meditación silenciosa o guiada)
- Escribe el plan de tu hechizo
- Escribe la intención de tu hechizo con el método de escritura libre

Rituales intermedios

- Invita a participar a los elementos, espíritus, deidades y antepasados
- Reza
- Recita cánticos
- Canta
- Medita
- Forma un círculo
- Sostén la vela entre las manos y cárgala con tu energía
- Prepara el hechizo
- Recita el conjuro (en voz alta, susurrando, gritando, cantando)
- Enciende la vela

Desenlace del ritual

- Pronuncia palabras de cierre («ya está hecho», «que así sea», «amén»)
- Agradece y libera a los elementos, espíritus, deidades, antepasados
- Realiza algún ejercicio físico de enraizamiento (entra en contacto con la tierra, túmbate en el suelo)
- Realiza algún tipo de visualización de enraizamiento (imagina que tu energía regresa a la tierra)
- Realiza alguna acción de enraizamiento (come o bebe algo saludable)
- Guarda el material que has utilizado

Los rituales pueden ser sencillos o complejos, pero tú debes elegir aquellos que mejor te funcionen a ti. Aquí tienes un ejemplo de todo lo que hago yo cuando hago un ritual completo de encendido de velas en mi casa.

Ritual para pedir prosperidad personal

1. Pongo música meditativa porque me ayuda a definir que estoy a punto de realizar un hechizo.
2. Me doy un baño de limpieza con sales de baño especialmente preparadas para rituales de prosperidad abundante o con sales de Epsom, sal marina y manzanilla.
3. Me aplico por todo el cuerpo aceite de atracción magnética con movimientos ascendentes (desde los pies a la cabeza).
4. Me pongo ropa limpia de color verde.
5. Quemo incienso para atraer dinero en la habitación donde está el altar; por ejemplo, pachulí y benjuí sobre un carbón de bambú. Si quieres, también puedes mezclar unas gotas de aceite de prosperidad abundante con agua mineral en un pulverizador, agitarlo bien y rociarlo por la habitación.
6. Preparo y dispongo mi altar, colocando monedas de la suerte, talismanes especiales, estatuas de las diosas Laksmí y Fortuna (diosas de la prosperidad y la buena suerte) y un papel de petición con mi intención escrita en él.
7. Sostengo una vela en forma de gato verde entre las manos, cierro los ojos y visualizo mi prosperidad mientras transfiero mi energía a la vela.
8. Coloco la vela sobre una bandeja perfumada con aceite de prosperidad abundante y rodeada de velas auxiliares amarillas, raíz de orris, bayas de pimienta de Jamaica, pachulí, caléndula y lágrimas de Job.
9. Cierro los ojos y visualizo lo que deseo obtener.
10. Pido ayuda a mis guías espirituales.
11. Recito el conjuro de mi hechizo y enciendo la vela.
12. Cierro los ojos y vuelvo a visualizar lo que deseo obtener.

13. Le doy las gracias a mis guías espirituales y digo: «Ya está hecho».
14. Me agacho y toco el suelo con las yemas de los dedos para enraizar mi energía.
15. Como algo para regresar al mundo material.

Intenta planificar un ritual antes de hacer el hechizo. Puedes planteártelo como si tuvieras que escribir un guion para un espectáculo, con un primer, segundo y tercer acto. Decide lo que te gustaría incorporar y escribe los pasos en una hoja de papel, de ese modo no tendrás que estar pendiente del siguiente paso.

13

¡Ya he terminado! ¿Y ahora qué?

¿Cuánto tiempo debo dejar que arda la vela?

La mayoría de los hechizos no terminan hasta que la vela no se ha consumido completamente. Por lo tanto, ten la vela encendida siempre que estés en casa y despierta. Para la mayoría de los hechizos con velas, también es recomendable que la vela se consuma del todo lo antes posible.

Hay algunas excepciones a esta regla. Si haces un hechizo usando la numerología y debes quemar tu vela de forma progresiva durante un determinado número de días, como, por ejemplo, con una vela de siete nudos que debe quemarse a razón de un nudo al día durante siete días, entonces tenla encendida sólo durante ese tiempo.

Si vas a tenerla encendida durante más de tres o cuatro horas seguidas, tendrás que recortar la mecha para que no se caliente demasiado e ir retirando los nudos que se forman en la mecha para evitar que la llama se haga demasiado grande y empiece a humear.

En cualquier caso, una vez que la vela haya ardido por completo, el hechizo habrá concluido. Tu tarea ahora es prever, esperar y recibir los resultados positivos.

¿Qué hago con los restos de la vela?

¿Qué haces con la vela una vez haya concluido el hechizo? Si has quemado una vela sencilla y no quedan restos, hay poco más que hacer. Sin embargo, en la mayoría de los hechizos con velas, siempre queda algo al final. Se pueden hacer muchas cosas con estos restos, pero la decisión final puede depender del tipo de hechizo.

La solución más fácil

La forma más fácil de deshacerse de la cera sobrante es tirarla a la basura. Pese a no ser demasiado ceremonial, cumple con su propósito; para los hechizos más sencillos, no es necesario que te compliques mucho la vida. Tírala en el cubo de la basura si el hechizo era para atraer algo o en uno alejado de tu casa si estabas haciendo un hechizo para desbloquear, disipar o deshacerte de algo negativo.

Guardar los restos de la vela

Si has usado una vela para invocar, puedes recoger los restos de la bandeja o plato y meterlos en una bolsa de papel o envolverlos con un paño y colocarlos en un lugar apropiado (como, por ejemplo, en tu dormitorio para hacer un amarre de amor o en tu oficina para hacer uno de prosperidad) hasta que el hechizo dé sus frutos. Cuando consigas lo que deseas, deshazte de los restos de la forma que quieras.

También puedes conservar la energía del hechizo enterrando los restos de cera y hierbas en el jardín o en una maceta. Entiérralos en el jardín si quieres atraer algo o en el patio trasero si quieres conservar algo que ya tienes.

Recicla los recipientes

Cuando tu vela se haya consumido del todo, puedes optar por reciclar el recipiente de vidrio. Naturalmente, también te recomiendo que reutilices las bandejas, los platos y los portavelas. Asegúrate de quitarles todos los restos de cera. En primer lugar, asegúrate de que el recipiente sea apto para el horno (es decir, que no tiene nada de plástico ni que pueda derretirse), colócalo en un plato o molde para tartas y mételo en el horno a una temperatura mínima (normalmente, entre 65 y 80 ºC). Déjalo reposar entre 5 y 10 minutos y, después, sácalo con una manopla. Una vez que la cera esté blanda, podrás retirarla con papel de cocina.

También puedes usar un secador de pelo a máxima potencia para ablandar la cera. Sujeta el recipiente con un guante de cocina y aplica el chorro de calor fuerte sobre la cera. En cuanto se ablande, podrás retirarla con ayuda de una cuchara o limpiarla con un paño de cocina.

Deja los restos de la vela en una encrucijada

A lo largo de la historia y en diversas culturas, las encrucijadas (una intersección o el lugar donde confluyen dos o más caminos) han sido considerados lugares mágicos. Cuando dejas los restos de un hechizo en una encrucijada, los estás enviando en todas las direcciones al mismo tiempo. Por lo tanto, puedes dejar en estos lugares tanto las cosas de las que quieras deshacerte como aquellas que quieras enviar al mundo. Por ejemplo, si haces un hechizo de limpieza, puedes dejar los restos en un cruce de caminos para que toda la negatividad se aleje de ti. Y si haces uno para pedir éxito, también puedes dejarlo en una encrucijada para que tu éxito se extienda en todas direcciones.

Por encima de todo, sé consciente de lo que estás dejando en las encrucijadas. Algunas cosas tienen un mayor impacto ecológico que otras. Dejar las cenizas de un papel de petición quemado tendrá un impacto pequeño, pero si tiras bolsas de plástico, portavelas de vidrio, tarros de miel y otros objetos que no se descomponen de forma natural estarás creando un pequeño desastre ecológico o estarás obligando a que otra persona lo recoja y lo tire en un contenedor apropiado. Cuanto menor sea el impacto de los restos que dejas, más probabilidades de que se integren con el entorno y continúen haciendo su trabajo.

Dicho esto, no hace falta que dejes todos los restos en una encrucijada para conseguir el efecto positivo que esto puede suponer. Una cucharadita de la cera y las hierbas sobrantes puede dejarse fácilmente en el centro de una intersección y llevar la energía de tu hechizo a donde necesitas que vaya. Las bandejas pueden limpiarse y reutilizarse, el vidrio puede reciclarse, los materiales naturales, como la cera de abeja y las hierbas, pueden convertirse en abono, y el resto de elementos puedes desecharlos como mejor consideres.

Si quieres dejar los restos de tu hechizo en una encrucijada, puedes dejarlos tal cual o meter sólo los restos de cera y hierbas (no el vaso ni la bandeja) en una bolsa de papel o tela natural y dejar el paquete en el centro de una intersección tranquila. Déjalos en el suelo y aléjate de él sin mirar atrás. Si el hechizo en cuestión busca deshacerse de algo, déjalo en una intersección alejada de tu casa. Si, por el contrario, pretendes conseguir que algo llegue a ti, déjalo en una intersección próxima a tu casa.

Enterrar los restos

Si te has afanado por eliminar una incómoda maldición o desterrar algo negativo de tu vida, te recomiendo que entierres los restos en algún lugar alejado de tu casa. Enterrar algo es un ritual que le otorga un sentido de permanencia.

En caso de negatividad extrema, puedes enterrar los restos del hechizo en un cementerio para asegurarte de que el problema está «muerto y acabado» o para conseguir que un espíritu amistoso te ayude. Si entierras algo en un cementerio, acuérdate de darles algún tipo de recompensa a los espíritus. Las monedas y el alcohol son pagos simbólicos que harán que los espíritus estén más dispuestos a ayudarte en el futuro.

Haz talismanes

Si usas velas de cera de abejas, tienes la opción de convertir la cera en un talismán. Los talismanes de cera de abejas permiten llevar contigo la magia del hechizo y mantener activa su energía.

Con el calor de tus manos o con un secador de pelo, ablanda la cera y dale forma de símbolos, como corazones o signos de dólar, y coloca estos talismanes en un altar o añade un trocito de cera a un mojo. También puedes crear un muñeco con la cera y seguir trabajando sobre una persona concreta.

¿Cuánto tarda en hacer efecto un hechizo?

Eso depende de las circunstancias concretas de la situación. Si la energía ya está fluyendo en la dirección correcta, los resultados suelen manifestarse relativamente pronto. Sin embargo, las situaciones más difíciles pueden requerir más tiempo o incluso más de un hechizo para corregirlas. Como regla general, para comprobar si un hechizo está haciendo que las cosas avancen, primero hay que hacer una lectura de la llama, la cera y el humo; a partir de ahí, si todo va bien, puedes comprobar si hay mensajes, movimiento y manifestación. La razón por la que nos fijamos en estas tres señales es para recordar que la mayoría de los hechizos no se manifiestan de la noche a la mañana y que debemos mantener una actitud positiva, incluso si los resultados no son inmediatos.

Mensajes

Busca una pequeña señal positiva (como escuchar una canción especial en la radio, ver una palabra en una valla publicitaria, oír un nombre, ver un número que se repite en un reloj o un símbolo de algún tipo) al cabo de unos días de haber completado tu hechizo con velas. Este tipo de mensajes te los envía el Universo o tus guías espirituales, no la fuente de tu hechizo. En otras palabras, si estás haciendo un amarre de amor para atraer a una persona concreta, el mensaje no vendrá de esa persona, sino que será algo que veas o escuches en el mundo y que te hará pensar intensamente en ella. Está preparada para experimentar algún tipo de potente sincronicidad (coincidencia significativa). Por ejemplo, es posible que conozcas a alguien que se llame igual o que veas su fecha de nacimiento en una matrícula.

Si estás haciendo un hechizo general en lugar de uno centrado en una persona en concreto, el mensaje puede ser más simbólico. Por ejemplo, encontrar una moneda por la calle indica que tu hechizo de prosperidad está funcionando.

Movimiento

Busca cualquier señal de movimiento hacia tu objetivo durante las semanas siguientes al hechizo, es decir, algo que vaya en la dirección del resultado que deseas obtener o una mejora de algún tipo. A diferencia de los mensajes, el movimiento es algo que proviene de la fuente. Por ejemplo, si estuvieras haciendo un hechizo para conseguir un nuevo trabajo, el movimiento podría ser una llamada para acudir a una entrevista. El movimiento no es la manifestación completa de lo que quieres, sino sólo un paso en la dirección correcta.

Manifestación

Busca la plena manifestación de lo que has pedido en el plazo de unos pocos meses. A veces, cuando digo esto, la gente se pone nerviosa: «¿Me estás diciendo que tardaré tres meses en alcanzar mi meta?». La palabra clave es *en el plazo* de unos meses. Eso significa en cualquier momento entre uno y noventa días. Si tu situación no presenta dificultades, lo más probable es que veas resultados bastante rápido, aunque, con el hechizo adecuado, también he visto cómo se revertían situaciones muy complicadas.

¿Qué pasa si no veo ninguna de estas señales?

Si dentro del marco de tiempo especificado no recibes ningún mensaje, no percibes ningún movimiento ni se produce la manifestación final, probablemente tengas que volver a empezar y darle más energía a tu hechizo, emplear una nueva estrategia, encender otra vela o llevar a cabo más trabajo espiritual en torno a tu situación.

Ten esto en cuenta en todo momento: no todas las enfermedades se curan con una sola dosis de medicina; a veces hace falta otra dosis o incluso más... y a veces se necesita otro tipo de medicina. Lo mismo ocurre con el trabajo espiritual.

Si consideras que tu hechizo no está produciendo resultados y te gustaría descubrir un ritmo más adecuado para tu caso particular o una evaluación espiritual para conocer la gravedad de tu situación, puedes consultarlo con tu herramienta de adivinación favorita o buscar la ayuda de un lector o profesional esotérico de confianza, los cuales podrán examinar tu situación particular desde una perspectiva espiritual.

14

Cómo crear un grimorio

Si vas a hacer algo complicado, será mejor que empieces por planificarlo bien. No hay nada peor que llegar a la mitad de un hechizo y tener que salir corriendo a la tienda esotérica de tu barrio para comprar el ingrediente que deberías tener, pero que no puedes encontrar en tu casa o atropellarte con las palabras de tu conjuro porque no sabes muy bien lo que vas a decir.

Antes de empezar, escribe tu plan en una hoja de papel. Otra buena razón para poner por escrito tus hechizos con velas, y esto es algo que suena muy mágico y esotérico, es que necesitas crear un grimorio.

¿Qué es un grimorio?

«Grimorio» es el término elegante para referirse a un libro de hechizos. Algunos también lo llaman «Libro de las sombras» (porque es un formulario secreto) o «Libro de la luz» (porque el objetivo principal es la iluminación), pero en última instancia un grimorio es el lugar donde vas a documentar tus hechizos para la posteridad, o al menos donde los tendrás por escrito para que, cuando bordes el hechizo para pedir prosperidad y quieras repetirlo un año después para ganar aún más dinero, recuerdes exactamente lo que hiciste.

Pasos básicos de un hechizo con velas

Los pasos básicos de un hechizo con velas se pueden resumir de la siguiente manera:

1. Escribe tu papel de petición.
2. Escribe una chuleta de tu conjuro.
3. Despeja y prepara el espacio del altar.
4. Adereza y bendice la vela.
5. Coloca la vela en el altar.
6. Concentra tu energía.
7. Recita tu conjuro y enciende la vela.
8. Apaga la vela cuando te vayas a dormir o salgas de casa.
9. Vuélvela a encender cuando te despiertes o vuelvas a casa.
10. Quema la vela completamente.
11. Deshazte de los restos.

Aunque tu hechizo incluirá estos pasos básicos, como gracias a este libro también has descubierto otros elementos más complejos que puedes incorporar a tu trabajo mágico, vamos a añadirlos a la lista para que puedas realizar una preparación avanzada de tus velas.

En primer lugar, utiliza un cuaderno que te guste para convertirlo en tu grimorio. Sí, puedes usar un bloc con espiral de un todo a cien, pero ¿va a satisfacer eso a tu mago interior? Yo creo que no. Aunque, por otro lado, tampoco quiero que retrases la creación del grimorio porque estás ahorrando para comprarte un diario encuadernado en cuero corintio cosido a mano por elfos en un claro del bosque bajo la luna llena en el signo de Libra que cuesta 600 euros. Empieza con un bonito diario que te guste contemplar y que se ajuste a tu presupuesto. Después de que te salga bien el gran hechizo de prosperidad, te prometo que podrás copiar tus notas en esa maravilla de diario hecha por los elfos (y si sabes dónde conseguir uno, por favor, dímelo).

Desglose de la planificación de tu hechizo

Si quieres mejorar significativamente tus habilidades mágicas, tienes que comprometerte a poner tus hechizos por escrito. Aquí tienes un formato básico de lo que deberías anotar en tu grimorio:

Objetivo del hechizo
Fecha de inicio del hechizo
Fecha de finalización del hechizo
Ingredientes utilizados
Contenido del papel de petición
Contenido del conjuro
Diseño y plan del hechizo
Notas sobre el ritual
Notas sobre la quema de las velas
Resultados del hechizo

A continuación, vamos a desglosar lo que debes escribir en cada sección:

Antes de empezar

Antes de empezar a escribir en tu grimorio, siempre es una buena idea tener claro para qué quieres hacer el hechizo. Valiéndote de la escritura libre, empieza por anotar tus pensamientos en otro diario o una hoja de papel (consulta el capítulo 4 para obtener más detalles sobre el proceso de escritura libre antes de escribir tu hechizo). Una vez que hayas escrito el párrafo en la hoja de papel, concéntrate en la verdadera intención de tu hechizo y ya estarás listo para empezar a escribir en tu grimorio.

Objetivo del hechizo

Lo primero que vas a escribir en tu grimorio es el objetivo de tu hechizo. Asegúrate de hacerlo en positivo, es decir, escribe sobre lo que quieres, no sobre lo que no quieres. En vez de escribir: «Éste es un hechizo para que mi jefe deje de molestarme», escribe: «Éste es un hechizo para que mi jefe me respete, me vea de una manera positiva y me trate de una manera amistosa». Si escribes tu objetivo del hechizo en negativo, puede que tu jefe deje de meterse contigo, pero no estarás estableciendo un curso de acontecimientos para lo que tiene que hacer tu jefe en lugar de meterse contigo..., y esas son cosas que puede que tampoco te gusten. Por ejemplo, podría ignorarte, despedirte o mostrar una actitud inapropiada contigo. Así que, para evitar cambiar un problema por otro, plantea tu objetivo del hechizo en positivo y así obtener exactamente lo que deseas.

Asegúrate de que tu hechizo esté centrado en un solo tema. Escribir un hechizo que incorpore demasiados temas distintos lo convertirá en algo confuso y diluido. Por ejemplo, en lugar de establecer un objetivo como: «Me gustaría que mi jefe me respetara y también me gustaría iniciar un pequeño negocio secundario para ganar algo de dinero extra», sería mucho más efectivo convertir estos dos temas en dos hechizos distintos.

Fecha de inicio y de finalización del hechizo

Las fechas de inicio y finalización del hechizo también son importantes. Si tienes la opción de planificarlo con tiempo, te recomiendo que elijas una fecha que te dé algunas ventajas, como un determinado día de la semana, una fase lunar, un signo astrológico o la fecha numerológica que refuerce tu petición.

Escribe la fecha de finalización si estás planificando un hechizo de varios días y te gustaría que terminara un día específico. Si no tienes una fecha específica de finalización, deja un espacio en blanco para anotar la fecha en que lo terminaste para que puedas recordar el tiempo que tardó la vela en arder completamente.

Ingredientes utilizados en el hechizo

Ésta es la parte más divertida, donde planificas qué velas, aceites, hierbas, piedras, conchas y talismanes vas a usar en tu hechizo.

Respecto a la vela, tendrás que decidir el estilo, color y el tiempo que quieres que arda. También deberás elegir los aceites, las hierbas y los demás elementos que acompañarán a la intención de tu hechizo. (Consulta el apéndice I para obtener más información sobre hierbas y aceites, el apéndice II para las gemas, el apéndice III para las conchas y el apéndice IV para los talismanes).

Papel de petición

En este punto elaborarás el contenido exacto y el formato de tu papel de petición. Partiendo de los objetivos del hechizo, puedes reescribir tu petición de forma que refleje dichos objetivos. Es posible que al redactar el papel de petición te limites a reformular tu objetivo usando un «yo» más personal, pero si hay otras personas implicadas, es mucho más eficaz incluir sus nombres.

En el hechizo que hemos estado utilizando de ejemplo, una petición directa y contundente podría ser: «Juan López me respeta, me ve de forma positiva y me trata de forma amistosa» o escribir Juan López tres veces y después añadir encima tu nombre tres veces formando un patrón entrecruzado. (En el capítulo 3 encontrarás más información sobre cómo crear papeles de petición).

¡No olvides los otros detalles! También es importante que anotes todos los sigilos o símbolos incluidos en tu papel de petición, así como cualquier palabra, símbolo o sigilo grabado en la vela.

El conjuro

También es útil preparar con antelación lo que vas a decir antes de empezar el hechizo. Ponerlo por escrito evitará que te atasques cuando llegue el momento de encender la vela.

Aunque puede que seas como yo y prefieras decir lo primero que te viene a la cabeza en cada momento, tener una idea básica de lo que vas a decir hará que tengas un punto de partida. También es buena idea anotar el contenido del conjuro para poder reproducirlo con éxito en el futuro.

Si te gusta utilizar palabras formales o emplear un poema para tus conjuros, anota los pareados en el grimorio para poder leerlos mientras enciendes la vela y pones en marcha tu hechizo.

Diseño y planificación del hechizo

Ha llegado el momento de planificar tu hechizo. Poner tu plan por escrito va muy bien para avanzarte en el tiempo y saber lo que vas a necesitar antes de empezar. Si vas a crear tú misma las velas que después utilizarás en el hechizo, éste es el momento para prepararte también para eso. A veces crees que tienes todo lo que aparece en la lista de la sección de ingredientes del hechizo, pero, en esta etapa de planificación, te das cuenta de que has olvidado algo o se te ocurre añadir algo genial a la lista de materiales.

Si eres una persona muy visual, ésta será la parte más divertida de la planificación de tu grimorio, porque tendrás la oportunidad de dibujar un diseño para tu hechizo. A mí me gusta dibujar un esquema vertical para planificar dónde voy a colocar las velas y, si se trata de un hechizo móvil, a dónde se van a mover. También planifico los patrones que haré con las hierbas, el color de las velas y qué aceites y hierbas voy a poner en cada vela.

Este diseño no es sólo útil para la planificación previa, sino que, una vez que hayas completado el hechizo y obtenido grandes resultados, también te ayudará a recordar lo que has hecho y a diseñar futuros hechizos con los elementos que mejor te han funcionado.

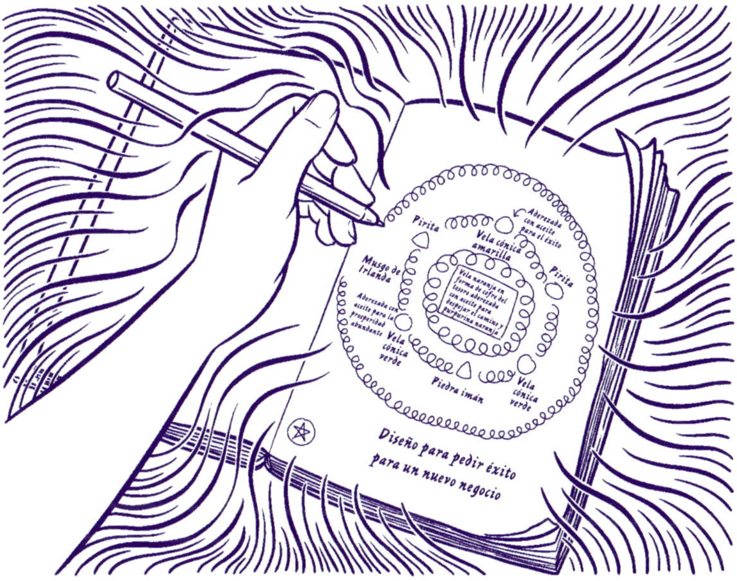

Ejemplo de un patrón para un hechizo

Notas sobre rituales

Si vas a incorporar algún tipo de ritual o preparación especial a tu hechizo, será mejor que también lo anotes. Por ejemplo, ¿te has dado un baño de limpieza previo, has quemado un incienso especial en la habitación o has colocado un mantel especial en el altar? Igualmente, asegúrate de anotar también todos estos detalles en tu grimorio.

Notas sobre la quema de las velas

Anota todo lo que ha sucedido mientras la vela estaba encendida y después de terminar de quemar. En primer lugar, registra cómo ha ardido y las señales que hayas observado tras haberse apagado. Puedes anotar tus comentarios sobre piromancia (lectura de la llama), ceromancia (lectura de la cera) y capnomancia (lectura del humo) sobre la marcha y una vez se haya apagado la vela, y relacionarlos con los resultados obtenidos.

En esta sección, también puedes anotar todo aquello que hayas hecho para solucionar los problemas que hayas detectado en la vela, como, por ejemplo, quitar el exceso de cera o recortar una mecha porque la llama era demasiado alta. En esta sección, también puedes anotar cómo te has desecho de los restos de la vela, para poder acceder posteriormente a la información.

Resultados del hechizo

En esta sección, debes anotar los resultados del hechizo y cuándo se produjeron. Cuando la vela se haya consumido, busca tres señales para obtener información sobre el estado del hechizo.

Los mensajes son señales positivas de tu hechizo que te envía el Universo.

El movimiento es algo que se produce cuando las cosas se mueven en la dirección correcta, pero aún no es el resultado final del hechizo.

La manifestación es el resultado final del hechizo, la consecución de aquello que te has propuesto conseguir.

Es importante que tomes nota de la fecha exacta de cada paso, ya que eso te dará una referencia del tiempo que ha tardado el hechizo en manifestarse.

15

Haz un hechizo con velas

Prueba a hacer un hechizo con velas, sólo uno. Ahí es donde empieza todo, con nuestra primera vela, la primera vez que encendemos una cerilla y la acercamos a la mecha con un deseo en mente.

La magia con velas permite aprovechar tu potencial y tu magia y canalizarla para hacer que tu vida sea más abundante, feliz y satisfactoria. El poder de crear la vida que deseas reside en tu interior, y los hechizos con velas ayudan a liberar esa magia y usarla para conseguir lo que quieres.

La magia con velas es poder: el poder del fuego y de la voluntad; el poder de la pasión y el cambio; el poder que reside en tu interior, en el mío y en el de todas las demás personas de este planeta; el poder que reside a nuestro alrededor y al que podemos acceder en cualquier momento, siempre que lo necesitemos.

Mi misión era mostrarte, porque eres alguien con un alma única, especial y hermosa, cómo acceder a la llama que llevas dentro, aprovechar la magia que arde dentro de ti como una diminuta llama y cómo alimentar esa llama para que se convierta en la luz más brillante del Universo.

Mi misión en este viaje vital consiste en mostrarte cómo crear tu propia magia, revelarte la magia que reside dentro de ti y la que está a tu alrededor. Este libro es una llave que permite liberar toda esa magia.

Haz un hechizo con velas, sólo uno, y empezarás a alimentar la llama del poder que reside en tu interior. Trabaja con velas, aprende a conocerlas. Entabla una relación con los pétalos, las hierbas, las raíces. Ensúciate las manos, cúbrelas con aceites y purpurina, con polvos espirituales. Siente el poder en ellas. Siente el poder en tu corazón. Siente el poder de tus palabras mientras las dejas fluir desde tu interior hacia el éter, hacia el cielo, hacia atrás en el tiempo y hacia el futuro, cambiando, transmutando, doblando el tejido del tiempo y el espacio a tu voluntad.

Tienes el poder dentro de ti. Un poder que está esperando a ser liberado. Para transformarte a ti misma. Para transformar el mundo.

Haz un hechizo con velas, sólo uno.

Apéndice I
Lista de hierbas mágicas

Las hierbas son una parte esencial de la magia con hechizos. A continuación, se listan algunas hierbas secas, raíces y otros ingredientes básicos y fáciles de encontrar que puedes usar para potenciar tus intenciones mágicas en los hechizos con velas.

(a) indica que la hierba o raíz también puede encontrarse en forma de aceite o aceite esencial, los cuales pueden utilizarse para confeccionar un aceite espiritual.

AHUYENTAR ENEMIGOS: agracejo, laurel (a), pimienta negra (a), eucalipto (a), menta (a), pimienta roja, sal (negra), menta verde (a), azufre, valeriana (a)

AMOR (NUEVO): cardamomo (a), hierba gatera, cilantro (a), pimienta de Java (a), melisa (a), apio de monte, sándalo (a), sen, raíz de trilio

AMOR (PLATÓNICO): acacia, hierba gatera, clavo (a), pasiflora

AMOR (ROMÁNTICO): Raíz de mandrágora americana/ipecacuana de la Carolina, alcaravea (a), hierba gatera, canela (a), comino (a), damiana, lengua cervina, semilla de eneldo (a), sangre de dragón, elecampana (a), genciana, jengibre (a), hibisco, raíz de jalapa, jazmín (a), lavanda (a), hierba limón (a), levístico, mejorana (a), mirto (a), raíz de lirio (a), pasiflora, pachulí (a), trébol rojo, rosa (a), azafrán, sal (rosa), sándalo (a), haba tonka (a), vainilla, hoja de violeta, semilla de mostaza amarilla (a)

ATRACCIÓN: hierba gatera, cedro (a), cilantro (a), damiana, enebro (a), naranja (a), raíz de orris (a), persicaria

ATRAER CLIENTES/COMPRADORES: agrimonia, barbatilla, fumaria, musgo de Irlanda

AUTOCONFIANZA: bergamota (a), cincoenrama, equinácea, jengibre (a), raíz de jalapa, raíz de lirio, tabaco, milenrama (a)

AUTORIDAD: bergamota (a), raíz de jalapa, imperatoria, raíz de orris (a), yu zhu, aspérula

BELLEZA: hierba gatera, elecampana (a), ginseng (a), romero (a), yerba santa

BENDICIÓN: raíz de angélica (a), cedro (a), copal (a), incienso (a), pasiflora

BIENESTAR MENTAL/CLARIDAD: granos de cacao, alcaravea (a), uña de caballo, semilla de mostaza (a), vincapervinca, romero (a), ruda, persicaria, hierbabuena (a)

CAMBIAR MALOS HÁBITOS: eucalipto (a), hisopo (a), persicaria

CARRERA PROFESIONAL: cincoenrama, pimienta de Guinea, vara de oro, muérdago, pacana, asperilla

CASOS JUDICIALES/ASUNTOS LEGALES: semilla de mostaza negra (a), espino cerval, caléndula, cáscara sagrada, cincoenrama, semillas de eneldo (a), galangal (a), orégano (a), semilla de amapola

COMUNICACIÓN: lengua cervina

CONFUSIÓN: semilla de mostaza negra (a), pimienta de Guinea, semilla de amapola, pimienta roja, sal (negra), azufre

CONTROL SOBRE OTRAS PERSONAS: angélica (a), raíz de cálamo (a), cedro (a), ginseng (a), persicaria, regaliz, gordolobo, cuasia, tabaco

CORAJE: borraja, gordolobo, té, tomillo (a), aquilea (a)

COTILLEO (PONER FIN AL): semilla de chía, clavo (a), orégano (a), corteza de ulmus rubra

DESENAMORAMIENTO: nuez negra, pistacho

DESEOS: laurel (a), espino cerval, diente de león, flor de saúco, haba, ginseng, pimienta de Guinea, lágrima de Job, salvia (a), sándalo (a), girasol (a), haba tonka (a)

DISIPAR: asafétida (a), agracejo, laurel (a), boldo, cedro (a), barbatilla, persicaria, sal (negra), valeriana (a)

ELIMINACIÓN DE OBSTÁCULOS: barbatilla, bálsamo de limón (a), hierba limón (a), pino (a), sal (blanca)

ÉXITO EMPRESARIAL: agrimonia, alfalfa, pimienta de Jamaica, arrayán brabántico, benjuí (a), canela, cincoenrama, fumaria, musgo de Irlanda, sasafrás (a), asperilla

ÉXITO/VICTORIA: canela (a), trébol, equinácea, jengibre (a), raíz de jalapa, melisa (a), imperatoria, raíz de lirio, girasol (a), asperilla

FAMA: raíz de jalapa, imperatoria, raíz de orris (a), pasiflora, girasol (a)

FELICIDAD: pimienta de Jamaica (a), albahaca (a), benjuí (a), granos de cacao, hierba gatera, lavanda (a), mejorana (a), tomillo (a), vainilla

FERTILIDAD: semilla de mostaza negra (a), higuera, espino blanco, mirto, pachulí (a), pino (a), roble blanco, acedera

FIDELIDAD: albahaca (a), consuelda, semilla de comino (a), espino blanco, magnolia, vincapervinca, hoja de frambuesa, romero (a), sen, escutelaria, nardo (a), raíz de trilio

HABILIDADES PSÍQUICAS: acacia, malvavisco, anís (a), laurel (a), alcanfor (a), semilla de apio (a), canela (a), uña de caballo, diente de león, lino (a), vara de oro, jazmín (a), artemisa (a), menta (a), menta verde (a)

INMORTALIDAD: acacia, manzana, salvia (a), hierba de Santa María

INSULTOS/MALDICIONES/BLOQUEOS: asafétida (a), semilla de mostaza negra (a), pimienta negra (a), achicoria, pimienta de Guinea, pimienta roja, sal (negra), azufre, tabaco, valeriana (a)

LIMPIEZA ESPIRITUAL/DESANCLAR: agrimonia, alcántara, raíz de angélica (a), anís (a), asafétida (a), laurel (a), benjuí (a), cimicífuga, raíz de cálamo (a), alcanfor (a), manzanilla (a), canela (a), cincoenrama (a), sangre de dragón, matricaria, galangal (a), hisopo (a), melisa (a), hierba luisa (a), hierba limón (a), ortiga, pachulí (a), poleo, peonía, menta (a), pino (a), hierba carmín, romero (a), ruda, sal (rosa), sal (blanca), salitre, olmo resbaladizo, yu zhu, menta verde (a), azufre, valeriana (a), verbena (a), roble blanco, salvia blanca (a)

MAL DE OJO (PROTECCIÓN CONTRA EL): agrimonia, anís (a), semilla de comino (a), barbatilla, flor de saúco, limón, ruda

MATRIMONIO: sanguinaria, alcaravea (a), cilantro (a), lengua cervina, espino blanco, lavanda (a), magnolia, mejorana (a), mirto (a), naranja (a), vincapervinca, hoja de frambuesa, trébol rojo, romero (a), nardo (a), raíz de trilio

NUEVAS VENTURAS: bellota, canela (a), jengibre (a), melisa (a), hierba limón (a)

PAZ: pimienta de Jamaica (a), albahaca (a), benjuí (a), sanguinaria, consuelda, aciano, lavanda (a), mejorana (a), mirra (a), poleo, vincapervinca, romero (a), sándalo (a), valeriana (a)

PODER PERSONAL: bergamota (a), clavel (a), cordón del diablo, equinácea, genciana, jengibre (a), raíz de jalapa, imperatoria, raíz de orris (a)

PRÉSTAMOS: alfalfa, cincoenrama, raíz de jalapa, raíz de orris, yu zhu

PROSPERIDAD/DINERO: bellota, alfalfa, palomilla de tintes, pimienta de Jamaica (a), albahaca (a), baya del árbol de la cera, raíz de orris, caléndula, cáscara sagrada (a), cincoenrama, clavo (a), consuelda, sangre de dragón, alholva (a), jengibre (a), musgo de Irlanda, nuez moscada (a), pachulí (a), pino (a), zarzaparrilla, sasafrás (a), escutelaria, persicaria

PROTECCIÓN (DINERO): palomilla de tintes, manzanilla (a), sangre de dragón, menta (a), sasafrás (a), menta verde (a)

PROTECCIÓN (ESPÍRITUS): angélica (a), anís (a), asafétida (a), albahaca (a), laurel (a), alcaravea (a), sangre de dragón, saúco, incienso (a), acebo, muérdago, pino (a), ruda, anís estrellado (a), roble blanco

PROTECCIÓN (GENERAL): acacia, agrimonia, malvavisco, angélica (a), bálsamo de Galaad, agracejo, albahaca (a), laurel (a), benjuí (a), pimienta negra (a), cardo bendito, cimicífuga, raíz de cálamo (a), cáscara sagrada, cincoenrama, cilantro (a), barbatilla, sangre de dragón, flor de saúco, eucalipto (a), hinojo (a), matricaria, lino (a), jengibre (a), pimienta de Guinea, limón (a), hierba limón (a), mejorana (a), muérdago, gordolobo, semillas de mostaza (a), mirra (a), orégano (a), poleo, peonía, pino (a), hierba carmín, ruda, sal (rosa), sal (roja), sal (blanca), sándalo (a), olmo resbaladizo, yu zhu, raíz de trilio, verbena (a), salvia blanca (a)

RECONCILIACIÓN: bálsamo de Galaad, albahaca (a), aciano, damiana, sangre de dragón, nomeolvides, menta verde (a)

REVERTIR MALDICIONES: agrimonia, asafétida (a), barbatilla, sulfato de magnesio, eucalipto (a), hierba limón (a), ruda, sal (negra), vetiver, salvia blanca (a)

SABIDURÍA: laurel (a), yu zhu, girasol (a), salvia blanca (a)

SALUD/FORTALEZA: bellota, laurel (a), cilantro (a), semilla de eneldo (a), raíz de jalapa, peonía, pino o sal (roja), tomillo, roble blanco, salvia blanca (a)

SANACIÓN (EMOCIONAL): bálsamo de Galaad, mejorana (a), vainilla

SANACIÓN (GENERAL): pimienta de Jamaica (a), malvavisco, raíz de angélica (a), raíz de cálamo (a), alcaravea (a), uña de caballo, sello de oro, pimienta de Guinea, melisa (a), mirra (a), ruda, girasol (a)

SEPARARSE: limón (a), hierba luisa (a), pimienta roja, sal (negra), azufre, raíz de trilio

SEXO/DESEO: sanguinaria, raíz de cálamo (a), alcaravea (a), cardamomo (a), semilla de apio (a), canela (a), pimienta de Java (a), damiana, sangre de dragón, equinácea, jengibre (a), hibisco, jalapa, enebro (a), hierba limón (a), mirra (a), pachulí (a), cártamo (a), sal (rojo), sándalo (a), zarzaparrilla, semilla de mostaza amarilla (a)

SUEÑOS: alcanfor (a), semillas de apio (a), manzanilla (a), cincoenrama, lino (a), incienso (a), hibisco, jazmín (a), romero (a), anís estrellado (a)

SUERTE (GENERAL): bellota, alcántara, albahaca (a), benjuí (a), raíz de cálamo (a), hierba gatera, comino (a), barbatilla, jengibre (a), vara de oro, raíz de jalapa, poleo, peonía, sal (rosa), sal (blanca), salitre, anís estrellado (a), raíz de trilio

SUERTE (JUEGOS): alfalfa, pimienta de Jamaica (a), angélica (a), arrurruz, caléndula, manzanilla (a), canela (a), clavo (a), consuelda, barbatilla, cincoenrama, jengibre (a), pimienta de Guinea, musgo de Irlanda, raíz de jalapa, lágrima de Job, muérdago, nuez moscada (a)

TRABAJO ESPIRITUAL (CONEXIÓN CON LOS ESPÍRITUS): acacia, malvavisco, anís (a), bálsamo de Galaad, cáscara sagrada, semilla de apio (a), copal, diente de león, incienso (a), pimienta de Guinea, acebo, hierba dulce, cardo, tabaco, ajenjo (a)

VENGANZA: asafétida (a), semilla de mostaza negra (a), pimienta negra (a), pimienta de Guinea, raíz de jalapa, pimienta roja, sal (negra), azufre, tabaco, valeriana (a)

VIAJAR CON SEGURIDAD: cincoenrama, consuelda, artemisa (a), ruda, cardo

Apéndice II
Lista de gemas mágicas

Las gemas y los cristales son hermosos elementos que puedes añadir a tus hechizos con velas. Las gemas están cargadas de una poderosa vibración positiva, por lo que no las verás en las maldiciones o bloqueos; sin embargo, cuando las añades a tus hechizos positivos, pueden ser un aliado increíble.

AHUYENTAR ENEMIGOS: obsidiana negra, turmalina negra, heliotropo, hematita

AMOR (NUEVO): calamita, arena magnética, cuarzo rosa, turmalina

AMOR (PLATÓNICO): ágata, cornalina, crisoprasa, piedra dálmata, turmalina rosa, cuarzo rosa, turquesa

AMOR (ROMÁNTICO): ámbar, amatista, berilo, cornalina, granate, jade, lapislázuli, lepidolita, malaquita, piedra de luna, perla, rodocrosita, zafiro, topacio

ATRACCIÓN: ámbar, citrino, calamita, arena magnética, piedra solar

AUTOCONFIANZA: apatita, lluvia de oro, iolita, pirita en lluvia de oro roja, unakita

AUTORIDAD: lapislázuli, jaspe rojo, piedra solar, ojo de tigre

BELLEZA: ámbar, aguamarina, opérculo, granate, mokaita, ópalo, circón naranja

BIENESTAR MENTAL/CLARIDAD: aventurina, cuarzo transparente, esmeralda, fluorita, hematita, labradorita, selenita, sodalita, circón

CAMBIAR MALOS HÁBITOS: amatista, ónice negro, hematita

CARRERA PROFESIONAL: granate, lapislázuli, malaquita, piedra solar

COMUNICACIÓN: apatita, aventurina, cornalina, celestita, howlita, rodonita, zafiro, sardónice, sodalita, turquesa

CORAJE: ágata, amazonita, amatista, aguamarina, heliotropo, lluvia de oro azul, cornalina, diamante, howlita, lapislázuli, obsidiana caoba, turmalina roja, rodonita, ojo de tigre, turquesa

CREATIVIDAD: amazonita, apatita, aventurina, malaquita, lluvia de oro roja, sodalita

DESEOS: cuarzo transparente

DISIPAR: obsidiana negra, turmalina negra, hematita, cuarzo rutilado, obsidiana nevada

ELIMINACIÓN DE OBSTÁCULOS: ágata, cuarzo claro, fluorita, malaquita

ÉXITO EMPRESARIAL: heliotropo, citrino, turmalina verde, jade, malaquita, pirita, piedra solar, circón amarillo

ÉXITO/VICTORIA: amazonita, ónix negro, lluvia de oro, crisoprasa, lapislázuli, calamita, pirita

FAMA: aventurina, cornalina, malaquita, jaspe rojo, piedra solar, topacio amarillo

FELICIDAD: amatista, angelita, aventurina, ónice negro, cornalina, crisoprasa, rodocrosita, circón amarillo

FIDELIDAD: jaspe dálmata, granate, morganita, opalina, turquesa

HABILIDADES PSÍQUICAS: amatista, apatito, aguamarina, azurita, berilo, citrino, cuarzo claro, esmeralda, fluorita, granate, cuarzo Herkimer, labradorita, lapislázuli, piedra lunar, prehnita, selenita, sodalita

LIMPIEZA ESPIRITUAL: aguamarina, turmalina negra, calcita, fluorita, obsidiana copo de nieve

MAL DE OJO (PROTECCIÓN DEL): turmalina negra, cuarzo claro, hematita, labradorita

MATRIMONIO: jaspe dálmata, diamante, esmeralda, rubí

NUEVAS AVENTURAS: amazonita, cianita azul, crisoprasa, piedra lunar

PAZ: amatista, angelita, aguamarina, aventurina, calcita azul, turmalina azul, cornalina, crisocola, diamante, fluorita, lepidolita, malaquita, obsidiana, rodocrosita, cuarzo rosa, rubí fucsita, zafiro, selenita, sodalita

PODER PERSONAL: lapislázuli, piedra solar, ojo de tigre

PROSPERIDAD/DINERO: aventurina, heliotropo, calcita, opérculo, crisoprasa, citrino, esmeralda, turmalina verde, circón verde, jade, calamita, arena magnética, malaquita, ágata musgosa, ópalo, perla, peridoto, pirita, rubí, zafiro, piedra solar, ojo de tigre, topacio

PROTECCIÓN (DINERO): citrino, diamante, esmeralda, jade, ágata musgosa, peridoto, pirita

PROTECCIÓN (ESPÍRITUS): turmalina negra, opérculo, cuarzo transparente, circón, fluorita, azabache, piedra lunar, perla, peridoto, shungita, cuarzo ahumado, turquesa

PROTECCIÓN (GENERAL): ágata, ámbar, obsidiana lágrima apache, turmalina negra, calcita, cornalina, crisoprasa, granate, hematita, jaspe, lapislázuli, lepidolita, obsidiana caoba, malaquita, mica, obsidiana, olivino, ónice, turmalina roja, circón rojo, rubí, obsidiana nevada, piedra solar, ojo de tigre, topacio

RECONCILIACIÓN: crisoprasa, diamante, rodonita, selenita

REVERTIR MALDICIONES: turmalina negra

SABIDURÍA: ónix negro, crisocola, howlita, jade, lapislázuli, prehnita, serpentina, sodalita, sugilita

SALUD/FORTALEZA: ágata, ámbar, berilo, heliotropo, calcita, cornalina, citrino, diamante, granate, azabache, jaspe rojo, circón rojo, piedra solar, topacio

SANACIÓN (EMOCIONAL): aventurina, crisoprasa, jade, lapislázuli, prehnita, rodonita, cuarzo rosa, rubí en fucsita, zafiro, sodalita

SANACIÓN (GENERAL): amatista, azurita, calcita azul, opérculo, celestita, cuarzo claro, hematita, lepidolita, ágata musgosa, peridoto

SEGURIDAD EN LOS VIAJES: aguamarina, calcedonia, piedra lunar, circón naranja

SEXO/DESEO: cornalina, granate, jaspe rojo, cuarzo ahumado, piedra solar, circón amarillo

SUEÑOS: amatista, azurita, calcita azul, cuarzo Herkimer, labradorita

SUERTE (GENERAL): ágata, ámbar, obsidiana lágrima apache, aventurina, turmalina negra, crisoprasa, citrino, azabache, lepidolita, olivino, ópalo, perla, cuarzo turmalinado, turquesa

SUERTE (JUEGOS): aventurina, opérculo, calamita, arena magnética, pirita, ojo de tigre

TRABAJO ESPIRITUAL (CONEXIÓN CON LOS ESPÍRITUS): amatista, angelita, piedras boji, calcita, diamante, fluorita, cuarzo Herkimer, labradorita, lapislázuli, cristales de lemuria, lepidolita, obsidiana caoba, espíritu amatista, cuarzo espíritu, sugilita

VIDAS PASADAS: cuarzo fantasma

Apéndice III
Lista de conchas mágicas

Las conchas encarnan la energía de las criaturas que albergaron en su interior, así como el poder mágico del agua. Se puede utilizar cualquier tipo de concha para la actividad psíquica, la protección espiritual y física, la conexión con el reino de los espíritus, la protección y el amor. Asimismo, para una magia más enfocada, puedes elegir una concha en particular que encarne la intención especial de tu hechizo.

ADIVINACIÓN: cauri
AMOR (NUEVO): ostra
AMOR (PLATÓNICO): pata de oso, berberecho, caracola, almejas patas de gato, *Conus bulbus*, bígaro

AMOR (ROMÁNTICO): almeja, berberecho, cauri, vieira, *Tibia Fusus*

ASUNTOS LEGALES: *Ceratostoma foliatum*

ATRACCIÓN: cono (*Conus praecellens*), galleta de mar

AUTOCONFIANZA: *Cerithium caeruleum*, almeja, drupa morada, lapa, pata de león, cauri reticulado, peine de venus

AUTORIDAD: caracola de mar casco rojo, lapa, púrpura de Tiro, mitra episcopalis, buccino

BELLEZA: abulón, ostra, vieira

BIENESTAR MENTAL/CLARIDAD/CONCENTRACIÓN: *Terebra guttata*, caracola, cono leopardo, nautilos, *Euvola marensis*, bígaro, galleta de mar, buccino

CAMBIAR LOS MALOS HÁBITOS: caracol toro, lapa, quitón escamoso, *Calpurnus verrucosus*

CARRERA PROFESIONAL: *Trochus*, buccino

COMUNICACIÓN: almeja, caracola, jibión, *Spondylus anacanthus*, caracoles olivos, erizo lápiz, concha de colmillo, tritón

CORAJE: *Terebra guttata*, caracoles cuernitos, almeja joyero, lapa murex, cauri reticulado, cauri tigre

COTILLEO (PONER FIN AL): opérculo, mano de león, caracol venoso, caracol murex pico de becada, ostra espinosa

CREATIVIDAD: caracol lunar, caracoles olivos, ostra espinosa, tritón, farito Común, buccino

DESEOS: caracola de tierra *Placostylus*

DISIPAR: cono textil

ELIMINACIÓN DE OBSTÁCULOS: ala de ángel, opérculo, concha de rana, lapa

ESTABILIDAD: almejas de arca, almeja, cauri, *Cypraecassis rufa*, mejillón, bígaro, Trochus

ÉXITO COMERCIAL: cauri, *Harpa gracilis*, *Trochus*

ÉXITO/VICTORIA: ala de ángel, cáscara de fresa, *Cerithium caeruleum*, *Conus milneedwardsi*, lapa, mano de león, murex, concha dentada, *Guildfordia triumphans*

FAMA: *Conus excelsus*, reloj de sol, ostra espinosa

FELICIDAD: berberecho, caracol barril, *Babylonia japonica*, tritón, ala de pavo

FERTILIDAD: *Cerithium caeruleum*, coral, cauri, vieira, caballito de mar, caracol nudoso

FIDELIDAD: cauri

HABILIDADES PSÍQUICAS: abulón, cauri, caracol marino violeta, ostra de silla de montar, lapa, caracol lunar

LIBERTAD: ala de ángel, ala de pavo

LIMPIEZA ESPIRITUAL/DESANCLAR: abulón, almeja, caracola, caracoles olivos

MAL DE OJO (PROTECCIÓN CONTRA EL): ojo de gato, coral

MATRIMONIO: cauri, *Bursina nobilis*, *Bassina disjecta*

NUEVAS AVENTURAS: berberecho, caracola, *Lioconcha hieroglyphica*, lapa ojo de cerradura, gastrópoda vetigastrópoda, nautilos, *Architectonica perspectiva*

PAZ: abulón, berberecho, caracol marino violeta, ostra de silla de montar, mitra, concha lunar, galleta de mar, vieira, *Architectonica perspectiva*

PODER PERSONAL: pata de oso, lapa, araña de combate, caracol espinoso, *Trochus*, concha de colmillo

PROSPERIDAD/DINERO: abulón, caracol pintado, almeja, cauri, caracol marino violeta , caracoles olivos, ostra, galleta de mar, concha de barca

PROTECCIÓN (DE LOS ESPÍRITUS): abulón, opérculo, coral

PROTECCIÓN (GENERAL): almejas de arca, *Terebra guttata*, pata de oso, cono, *Cypraecassis rufa*, *Naticidae*, murex, mejillón, lapa zapatilla común, araña de combate, ostra espinosa

RECONCILIACIÓN: cauri (azul)
SABIDURÍA: caracola, lapa, galleta de mar, buccino
SALUD/FORTALEZA: *Terebra guttata*, pata de oso, almeja, caracola, *Cypraecassis rufa*, lapa, mano de león, nautilos, ostra, araña de combate
SANACIÓN (EMOCIONAL): *Cypraea cicercula*, berberecho, abulón rojo, galleta de mar, *Tibia Fusus*, ala de pavo
SANACIÓN (GENERAL): abulón, almeja, nautilos, caracoles olivos, galleta de mar, vieira, *Turritella*
SEPARACIÓN: *Xenophoridae*
SEXO/DESEO: *Terebra guttata*, cauri (azul), ostra
SUERTE (GENERAL): coral, ostra, galleta de mar, buccino
TRABAJO ESPIRITUAL (CONEXIÓN CON LOS ESPÍRITUS): ala de ángel, concha corona, mitra, galleta de mar, vieira, *Turritella*
VIAJES: vieira

Apéndice IV
Lista de talismanes mágicos

Los talismanes pueden añadirse a un altar o colocarse alrededor de una vela para potenciar la acción de los hechizos. Los talismanes pueden ser el objeto en sí (por ejemplo, una bellota) o un símbolo del objeto (un amuleto de plata con forma de bellota).

ABALORIO: belleza, adorno, riqueza

ABEJA: fertilidad, comunidad, éxito en circunstancias aparentemente imposibles, abundancia, cooperación, dulzura, alegría, esfuerzos exitosos, belleza

AMULETO CONTRA EL MAL DE OJO: amuleto con círculos concéntricos azules y blancos, para la protección contra miradas envidiosas y la negatividad de los demás.

ANILLO: matrimonio, proposición, unión, éxito y felicidad continuos

ANJ: vida eterna, vidas pasadas, éxito

BELLOTA: nuevos comienzos que llevan a un éxito rotundo, ahorros, fertilidad, suerte

BILLETES: prosperidad y riqueza a largo plazo

BOLA DE CRISTAL: protección contra espíritus malignos

BOTÓN: sellar, atar, conectar

BÚHO: sabiduría, riqueza, suerte, transformación, mensajes espirituales

CALAMITA: buena suerte, amor, prosperidad, atracción

CALAVERA: pensamientos, ideas, salud mental, claridad mental, antepasados

CALDERO: transformación, magia, adivinación, renacimiento, abundancia

CÁLIZ: espíritu, emociones, espiritualidad, conciencia psíquica

CAMPANA: clariaudiencia, mensajes espirituales, elemento aire, comunicación

CARTAS DE TAROT: cada carta tiene una energía particular que puede usarse como talismán

CASTAÑO DE INDIAS: salud, protección, prosperidad (tóxico si se ingiere; mantener alejado de los animales domésticos y niños)

CERROJO: atar, control, compromiso

CLAVO: protección, fuerza, destierro, destrucción

CORAZÓN: amor romántico, amor platónico, salud, alegría

CORNUCOPIA: abundancia, prosperidad, salud, deseos

CUCHILLO (ATHAME): cortar, terminar, pensamiento, ideas, comunicación

CUERNO ITALIANO (CORNICELLO): buena suerte y protección contra los celos y la negatividad

CUERNO: sexualidad, vigor, abundancia, fertilidad

DADO: suerte en situaciones azarosas, suerte cuando las probabilidades están en contra, suerte en el juego, el lado que mira hacia arriba puede elegirse por su significado numerológico

DOMINÓ: suerte en el juego, suerte contra pronóstico, la pieza seleccionada puede elegirse por su significado numerológico.

ESCALERA: ascensión espiritual, conexión entre mundos, ancestros, ángeles

ESCARABAJO: protección, buena suerte, creación, reencarnación, transformación

ESPEJO: reflexión, revertir, amor propio, espíritu, conciencia psíquica

FÓSIL: vidas pasadas, historia, registros akáshicos, ancestros

HERRADURA: buena suerte, protección contra los espíritus traviesos

HUESO DE LOS DESEOS: suerte, deseos hechos realidad, victoria en situaciones competitivas

HUESOS: antepasados, adivinación, arraigo, fuerza, indestructibilidad, sanación

HUEVO: inmortalidad, fertilidad, abundancia, protección contra el mal de ojo, limpieza

IMÁN: atracción de cosas buenas, manifestación, química sexual

LLAVE DE HIERRO: desbloquear la buena suerte, parto fácil, apertura de puertas, libertad, llave del corazón, llave del conocimiento, protección contra espíritus molestos, apertura de la conciencia psíquica

LOTO: fertilidad, maternidad, iluminación, prosperidad, belleza, pureza

MANO DE JAMSA: buena suerte, felicidad, protección contra la negatividad y las personas celosas

MATERIALES PERSONALES: elementos que conectan un hechizo con una persona. Los materiales personales pueden ser cabellos, fluidos corporales, trozos de uñas, firmas, objetos propiedad de la persona o cualquier cosa con el ADN de la persona.

MEDALLAS RELIGIOSAS: bendiciones y protección de la deidad o santo representado

MILAGROS: bendiciones según el simbolismo del amuleto

MONEDA DE MERCURIO: protección económica, suerte en el juego, comunicación

MONEDAS: prosperidad; si son de otro país, pueden atraer oportunidades de viaje

MUÑECA: representación de una persona

NUDO: atar, sellar, bloquear, controlar, dominar, matrimonio, unión, acuerdos, contratos

OJO DE HORUS: salud, fuerza, protección

PAN: vida, salud, abundancia, gratitud, amistad, familia, matrimonio

PATA DE CONEJO: amuleto de la buena suerte, contacto con los espíritus

PENIQUE CON CABEZA DE INDIO: protección contra las fuerzas del orden

PEZ: agua, habilidad psíquica, equilibrio emocional, amor

PIEDRA BRUJA: piedra con un agujero natural. Protección, sanación, visiones psíquicas

PIÑA: fertilidad, prosperidad

PLUMA: aire, dioses del cielo, ángeles, libertad, viajes

PRISMA: promesas, protección, diversidad, inmortalidad, reencarnación, alegría, felicidad, prosperidad

PUNTA DE FLECHA: movimiento, acción, dirección, protección; virilidad, concentración, nuevo amor

QUEMADOR DE INCIENSO: conexión con los espíritus, limpieza, imbuir

RANA: abundancia, fertilidad, suerte, amor, agua

RUNA: cada runa tiene una energía específica que puede utilizarse como talismán

SÍMBOLOS DEL ZODÍACO: cada símbolo tiene la energía particular de ese signo y puede utilizarse como talismán que representa las características del signo o de una persona con ese signo solar

TRÉBOL DE CUATRO HOJAS: suerte, salud, riqueza, felicidad, amor

URÓBOROS: infinito, ciclos, unidad, renovación

YIN Y YANG: dualidad, armonía, totalidad

Apéndice V
Lista de símbolos

Ésta no pretende ser una lista exhaustiva de posibles símbolos, sino que refiere algunos símbolos comunes y sus significados. Espero que te dé una idea sobre cómo interpretar los símbolos más inusuales que pueden aparecer al realizar una lectura de velas.

ÁGUILA: movimiento, honor, éxito

ALAS: mensajes de guías espirituales, ángeles de la guarda, huida

ANCLA: buena suerte, estabilidad, esperanza

ÁNGEL: guías espirituales, buenas noticias, protección

ANILLO: compromiso, matrimonio, promesas

ÁRBOLES: crecimiento, abundancia

económica, estabilidad, ganancias inesperadas

ARBUSTO: pequeña mejora financiera o profesional

ARCO: pasar a una nueva fase, graduación, niveles superiores

ATAUD: finales, transición, quietud

BALANZA: casos judiciales, justicia, equilibrio, equidad

BANDERA: advertencias, prestar atención para evitar problemas, «banderas rojas»

BARCO: viajes lejanos, superar los altibajos de la vida

BEBÉ: embarazo, proyectos creativos, comienzos alegres

BELLOTA: buena suerte, ganancias financieras, principios exitosos, grandes ideas

BOTELLA: celebración, evadirse de la realidad, adicción

BRÚJULA: viaje de negocios, viajes lejanos

BÚHO: sabiduría, estudio, conocimiento, escuela, consejo sabio

CABALLO: valor, éxito, suerte en el sexo

CABRA: virilidad, sensualidad, salud, el trabajo duro produce resultados

CADENA: sentirse atrapado, cargas

CAMA: descanso, sexo, sanación, meditación, dejarse llevar

CAMPANA: buenas noticias inesperadas, prestar atención, sincronicidades

CARÁMBANO: la comunicación necesita romper el hielo

CASA: domesticidad, hogar feliz, nueva casa

CASTILLO: suerte inesperada, estabilidad, riqueza duradera, protección

CATARATA: emociones fuertes, gran prosperidad

CERDO: buena suerte, amante fiel

CERRADURA: necesidad de escapar, dificultades para abrir puertas

CIGARRO: riqueza, éxito, celebración

CISNE: colaboración, compromiso, amor, matrimonio

COCHE: riqueza, movimiento, asociación, desplazamientos cortos

COHETE: los resultados superan las expectativas

COLLAR: admiradores, regalos caros
COMETA: ver las cosas a vista de pájaro, dar un paso atrás, los deseos se cumplen
CONCHA: conciencia psíquica, intuición
CONEJO: fertilidad, buena suerte, necesidad de valor
CORAZÓN: amor, pasión, amistad, familia feliz, placer
CORONA: éxito, honor, poder, autoridad, logros
CRUZ: decisiones, tachar algo, sacrificio
CUCHILLO: separaciones, prestar atención a la comunicación, la cirugía resuelve problemas de salud
CUENCO: amigos generosos, trabajo espiritual
DRAGÓN: protección, riqueza
ELEFANTE: suerte, buena salud
ESCALERA: promoción, éxito profesional o social
ESPADA: comunicación positiva o negativa, claridad
ESTRELLA: intervención divina, almas gemelas, esperanza, deseos hechos realidad
FLECHAS: concentración, alcanzar objetivos, prestar atención
GALGO: firmeza, rápida toma de decisiones
GANCHO: adicción, obsesión
GATO: independencia, libertad, misterio, evasión
GENTE: amigos, ayudantes, guías espirituales
GLOBO: celebraciones, felicidad, juego
HACHA: problemas superados, el esfuerzo produce resultados
HERRADURA: suerte, protección, seguridad en los viajes
HOJA: nuevos comienzos, empezar una nueva vida
HORMIGA: productividad, trabajar en equipo, hacer las cosas paso a paso
HUESOS: antepasados, guías espirituales, vidas pasadas
HUEVO: plenitud, nuevos proyectos
ICEBERG: congelación, frío, obstáculos que hay que evitar
JOYAS: regalos caros, compromiso, lujo
LEÓN: amigos influyentes, personas poderosas
LIBRO: educación, aprendizaje, escuela, escritura

LÍNEA BIFURCADA: decisiones, estar en una encrucijada, elecciones espirituales

LÍNEAS: movimiento, viaje, separación, las líneas onduladas significan un largo y sinuoso camino, las líneas rectas un camino directo y rápido

LUNA: misticismo, sueños, magia

MANO: una mano abierta significa ayuda de otras personas, cerrada significa autosuficiencia

MANZANA: larga vida, éxito, abundancia, amor, compromiso, tentación

MARIPOSA: belleza, renacimiento, transformación, evolución, grandes cambios positivos

MARTILLO: superación de retos, el trabajo duro produce resultados

MÁSCARA: inseguridad

MONEDA: dinero, abundancia, prosperidad

MONEDERO: prosperidad personal

MONTAÑA: poder, obstáculos, amigos en quien confiar

NAVE: viaje exitoso

NUBES: falta de perspectiva, confusión

OREJA: escuchar, oír mensajes importantes, clariaudiencia

OVEJA: prosperidad, éxito, suavidad

PÁJAROS: buena suerte, viajes, comunicación

PALOMA: fe, paz, promesas, compañerismo, amor

PARAGUAS: protección contra las dificultades, las malas situaciones mejoran, refugio

PEINE: belleza, glamur

PERA: estatus social, decisión de negocios positiva, fertilidad, dulzura

PERRO: lealtad, amistad, compañerismo

PEZ: abundancia, buenas noticias de otro país, superar situaciones difíciles

PINO: prosperidad, larga vida, constancia

PISTOLA: protección, agresividad

PUENTE: viajes, seguir adelante, conexiones en la distancia, oportunidades

RAMO: buena suerte, proposiciones matrimoniales, amigos afectuosos, éxito, vida amorosa feliz
RATA: secretos revelados, falsos amigos
RATÓN: proteger las pertenencias para evitar robos
RELOJ DE ARENA: el tiempo es oro, hay que tomar decisiones
RELOJ: paso del tiempo, espera, paciencia
ROSA: amor verdadero, popularidad
ROSTRO: guías espirituales, amigos, aliados
RUEDA: herencia, cambio de la suerte
SERPIENTES: transformación, renacimiento, inmortalidad, sanación
SETA: magia de las hadas, contacto sobrenatural
SIERRA: habladurías, problemas con extraños, interferencias
SIGNO DE INTERROGACIÓN: enigmas, misterio, cuestiones sin resolver por falta de comunicación
SILLA: huéspedes
SOL: fama, atención positiva, reconocimiento, logros
SOMBRERO: éxito en la vida, ocultar información
TETERA: prestar atención, palabras acaloradas, pasiones al rojo vivo, visitantes
TIJERAS: ruptura, cortar y despejar, discusión
TORTUGA: movimiento lento y constante, longevidad
TRÉBOL: muy buena suerte, felicidad extraordinaria, aumento de la prosperidad
UNICORNIO: bendición mística, soluciones únicas e inusuales
URNA: mensajes de los antepasados, vidas pasadas
UVA: abundancia familiar, felicidad
VACA: prosperidad, paz
VALLA: indecisión, barreras, limitaciones que hay que superar
VELA: iluminación, magia, guía
VOLCÁN: pasiones desbordadas, arrebatos emocionales
ZORRO: astucia, intelecto, la solución llega cuando piensas por adelantado

Glosario

ABRIR CAMINOS: hechizo utilizado para eliminar bloqueos

ACCIÓN INVERSA: vela de color rojo con una capa exterior de cera negra utilizada para revertir hechizos

ACEITE ESPIRITUAL: aceite elaborado con hierbas y aceites esenciales con propósitos mágicos

ALTAR: mesa destinada a hacer hechizos

ARCANO: misterioso o secreto

ARREGLADA: vela preparada con hierbas y aceites

BOLSA DE AMULETOS: pequeña bolsa de tela creada con hierbas y talismanes para propósitos mágicos

BRUJA: persona que practica la magia

CAPNOMANCIA: lectura e interpretación simbólica del humo
CARGAR: infundir poder mágico y espiritual
CERA ESTAMPADA PURA DE ABEJAS: lámina de cera de abejas con un patrón hexagonal similar al que hacen las abejas en sus colmenas
CEROMANCIA: lectura e interpretación simbólica de la cera
CURIOSIDAD: objeto mágico poco común
DEIDAD: dios o diosa
DISPOSICIÓN: mapa visual de un hechizo complejo
EFECTO TÚNEL: cuando una vela se quema por el centro, dejando sólo la pared exterior
ELEMENTOS: los cuatro elementos clásicos: aire, fuego, agua, tierra y, a veces, el quinto elemento del espíritu
ENERGÍA: intención espiritual que puede fluir de una persona
ESCRITURA LIBRE: estilo de escritura también llamado flujo de escritura consciente que ayuda a organizar los pensamientos
ESPÍRITU: energía que conecta todas las cosas
ESPÍRITU: esencia no física de un ser
ESPIRITUALISTA: persona que contacta con los espíritus
FEÉRICO: hada
FRASCO DE HECHIZOS: amuleto en un recipiente creado con hierbas y talismanes con un propósito mágico
FUEGO SOLAR: fuego creado con una lupa que concentra los rayos del sol
GRABAR: tallar palabras en la cera
GRIMORIO: libro para anotar hechizos, palabras mágicas y conocimientos mágicos
GUÍA ESPIRITUAL: uno de los espíritus que nos rodean y cuya función es ayudarnos y guiarnos
HECHICERÍA: crear hechizos y lanzarlos
HECHICERO: persona que hace hechizos o magia

HOLLÍN: acumulación de carbono en un portavelas de vidrio

INTENCIÓN: objetivo del hechizo

INVOCAR: invitar, llamar

KARMA: causa y efecto espirituales de nuestras acciones

LANZAR HECHIZOS: proyectar un hechizo

LIBRO DE LAS SOMBRAS/ LIBRO DE LA LUZ: libro para anotar hechizos, palabras mágicas y conocimiento mágico

LLAMA ETERNA: vela utilizada para encender otra vela

MAGIA COERCITIVA: hechizos destinados a hacer que otra persona haga lo que le pides

MAGIA SIMPÁTICA: utilización de elementos simbólicos representativos para llevar a cabo magia sobre alguien que se encuentra lejos

MALDICIÓN: hechizo destinado a hacer daño a alguien

MANIFESTACIÓN: el resultado de un hechizo en el mundo real

MATERIAL PERSONAL: objetos personales que se añaden a un hechizo para ligarlo a una persona en concreto. Suele ser algo que contiene su ADN, como pelo o ropa usada.

MECHA AUXILIAR: mecha adicional que se añade a una vela cuando ésta pierde su mecha

MECHA ENCERADA: mecha que ha sido sumergida en cera para que tenga la rigidez necesaria para hacer velas

MUÑECO: pequeña representación de tela de una persona con fines mágicos

NOVENA: oración o vela de nueve días

NUMEROLOGÍA: significado espiritual de los números

OBJETIVO: persona a la que se dirige el hechizo

OCULTO: sobrenatural, místico o mágico

PAPEL DE PETICIÓN: trozo de papel con un deseo o intención para el hechizo

PILAR: una gota de cera que acaba formando una columna alta

PIROMANCIA: lectura e interpretación simbólica de una llama o un fuego

PROFESIONAL DE LA MAGIA: persona que hace magia

RECAMBIO: velón que puede sacarse o meterse en un recipiente de vidrio

REVERTIR: enviar la negatividad al lugar del que procede

RITUAL: conjunto tradicional de acciones con un propósito mágico

SELLO: símbolo espiritual escrito o grabado para un propósito mágico específico

SIGILO: símbolo dibujado o grabado para un propósito mágico específico

SÍMBOLO: representación de otra cosa

SINCRONICIDAD: coincidencia significativa

TALISMÁN: objeto con poderes mágicos

TIENDA ESOTÉRICA: pequeña tienda de artículos religiosos y espirituales

TIENDA ESPIRITUAL: tienda de artículos religiosos y espirituales

UNIVERSO: energía que conecta todas las cosas

VELA ADEREZADA Y BENDECIDA: vela con aceites y hierbas añadidos y que ha sido bendecida para que cumpla una intención específica

VELA AUXILIAR: vela secundaria que se utiliza para aportar más energía a la vela principal en un hechizo

VELA CÓNICA: vela alta y delgada

CIRIO DE ALTAR: vela para honrar a una deidad, santo, ángel o espíritu

VELA DE DOS COLORES: vela cónica grande con la mitad de un color y la otra mitad negra que se utiliza en hechizos destinados a devolver la negatividad a donde procede

VELA DE TARRO: vela metida en un recipiente de vidrio

VELA DE TRES COLORES: vela cónica grande de tres colores divididos en tercios

VELA ESPIRITUAL: vela para honrar a una deidad, santo, ángel o espíritu

VELA FIGURATIVA: vela con una forma que representa algo simbólicamente

VELA MAESTRA: vela principal de un hechizo con varias velas

VELA VOTIVA: pequeña vela de pilar en el interior de un pequeño portavelas de vidrio

VELÓN: vela en el interior de un alto cilindro de vidrio

VISUALIZACIÓN: retener una imagen en el ojo de la mente

VOLUNTAD: fuente de la decisión y la acción

YO SUPERIOR: versión más espiritual de nosotros mismos

Bibliografía

BIRD, S.R.: *Sticks, Stones, Roots & Bones: Hoodoo, Mojo & Conjuring with Herbs*. Llewellyn Publications, St. Paul, 2004.

—: *365 Days of Hoodoo: Daily Rootwork, Mojo & Conjuration*. Llewellyn Publications, Woodbury, 2018.

BUCKLAND, R.: *Las velas y sus poderes mágicos*. Martínez Roca, Barcelona, 1997.

—: *Rituales prácticos con velas*. Arkano Books, Móstoles, 2008.

CUNNINGHAM, S.: *Enciclopedia Cunningham de la magia de los vidrioes, las gemas y los metales*. Mirach, Madrid, 1992.

—: *Enciclopedia Cunningham de las hierbas mágicas*. Luis Cárcamo, Madrid, 1995.

—: *Aromaterapia mágica*. RBA, Barcelona, 2002.

Dey, C.: *The Magic Candle*. Original Publications, Old Bethpage, 1982.

Dow, C.: *Tea Leaf Reading for Beginners*. Llewellyn Publications, Woodbury, 2011.

Fenton, S.: *Tea Cup Reading: A Quick and Easy Guide to Tasseography*. Weiser, San Francisco, 2002.

Foxwood, O.: *The Candle and the Crossroads: A Book of Appalachian Conjure and Southern Root-Work*. Weiser, San Francisco, 2012.

Frater U.D.: *Practical Sigil Magic: Creating Personal Symbols for Success*. Llewellyn Publications, Woodbury, 2012.

Gamache, H.: *The Master Book of Candle Burning: How to Burn Candles for Every Purpose*. Original Publications, Old Bethpage, 1998.

Hansen, M.: *Ocean Oracle: What Seashells Reveal About Our True Nature*. Beyond Words, Hillsboro, 2007.

—: *Ocean Wisdom: Lessons from the Seashell Kingdom*. Beyond Words, Hillsboro, 2007.

Harrison, K.: *The Herbal Alchemist's Handbook: A Grimoire of Philtres, Elixirs, Oils, Incense, and Formulas for Ritual Use*. Weiser, San Francisco, 2011.

Illes, J.: *The Encyclopedia of 5000 Spells: The Ultimate Reference Book for the Magical Arts*. HarperOne, Nueva York, 2004.

—: *Encyclopedia of Witchcraft: The Complete A–Z for the Entire Magical World*. HarperOne, Nueva York, 2005.

Kynes, S.: *Sea Magic: Connecting with the Ocean's Energy.* Llewellyn Publications, Woodbury, 2008.

Lightfoot, N.: *Good Juju: Mojos, Rites & Practices for the Magical Soul*. Llewellyn Publications, Woodbury, 2019.

Mathers, S. L. M.: *The Key of Solomon the King: Clavicula Salomonis*. Wesier, San Francisco, 2000.

PAJEON, K., y PAJEON, K.: *The Candle Magick Workbook*. Citadel Press, Nueva York, 1998.

PEPPER, Elizabeth.: *The ABC of Magic Charms*. The Witches' Almanac, Newport, 2009.

PETERSON, J. H., ed.: *The Lesser Key of Solomon*. Weiser, San Francisco, 2001.

—: *The Sixth and Seventh Books of Moses*. Ibis Press, Newburyport, 2008.

PICTON, M.: *The Book of Magical Herbs: Herbal History, Mystery & Folklore*. Barron's, Nueva York, 2000.

RIVA, A.: *Candle Burning Magic: A Spellbook of Rituals for Good and Evil*. International Imports, Los Ángeles, 1980.

—: *Secrets of Magical Seals: A Modern Grimoire of Amulets, Charms, Symbols and Talismans*. International Imports, Los Ángeles, 1975.

ROBINETT, K.: *Born Under a Good Sign: Make the Most of Your Astrological Sign*. Llewellyn, Woodbury, 2019.

SMITH, J.: *Coventry Magic with Candles, Oils, and Herbs*. Weiser, San Francisco, 2011.

THEODORE, K.P.: *The Fundamental Book of Sigil Magic*. Erebus Society, Glasgow, 2018.

TOWERS, J.: *Cómo leer las hojas de té*. Kepler, Madrid, 2020.

YRONWODE, C. y STRABO M.: *The Art of Hoodoo Candle Magic in Rootwork, Conjure, and Spiritual Church Services*. Missionary Independent Spiritual Church, Forestville, 2013.

—: *Hoodoo Root and Herb Magic: A Materia Magica of African-American Conjure*. Lucky Mojo Curio Company, Forestville, 2002.

ZAKROFF, L. T.: *Sigil Witchery: A Witch's Guide to Crafting Magick Symbols*. Llewellyn Publications, Woodbury, 2018.

Índice alfabético

F

I

M

Q

R

S

Z